探索与发展

——跨境电商理论与实务研究

胡　雨◎著

图书在版编目(CIP)数据

探索与发展：跨境电商理论与实务研究／胡雨著
. --北京：中国商务出版社，2018.7
ISBN 978-7-5103-2444-4

Ⅰ．①探…　Ⅱ．①胡…　Ⅲ．①电子商务－商业经营－研究　Ⅳ．①F713.365.2

中国版本图书馆 CIP 数据核字(2018)第 132168 号

探索与发展：跨境电商理论与实务研究
TANSUO YU FAZHAN KUAJING DIANSHANG LILUN YU
SHIWU YANJIU

胡　雨　著

出　　版：中国商务出版社
地　　址：北京市东城区安定门外大街东后巷 28 号
邮　　编：100710
责任部门：职业教育事业部(010-64218072　295402859@qq.com)
责任编辑：周　青
总 发 行：中国商务出版社发行部(010-64208388　64515150)
网　　址：http://www.cctpress.com
邮　　箱：cctp@cctpress.com
照　　排：北京亚吉飞数码科技有限公司
印　　刷：北京亚吉飞数码科技有限公司
开　　本：787 毫米×1092 毫米　1/16
印　　张：16.5　字　数：214 千字
版　　次：2019 年 3 月第 1 版　　2024 年 9 月第 2 次印刷
书　　号：ISBN 978-7-5103-2444-4
定　　价：66.00 元

前　言

　　一个国家的经济发展程度如何,对外贸易是一个重要的衡量指标。随着经济全球化和大数据、云计算等信息技术的高速发展,传统的外贸进出口模式已经无法满足对外贸易的发展需要。近年来,电子商务开始逐步渗入国际贸易各个环节中,而跨境电商这一在全球迅猛发展的新兴事物,作为外贸经济发展的新增长点和拉动外贸发展的新引擎,以互联网和对外贸易的相互渗透及有机融合,因其高效、开放、便捷和低门槛的独有优势而受到我国进出口企业及消费者的青睐。

　　2015年,国务院和相关部委密集出台一些政策鼓励跨境电商发展,不断改革创新对外贸易的监管方式,不仅批准了跨境电商试点城市,还推出新的海关监管代码,批准杭州成为跨境电商综合试点城市,这对于跨境电商的发展提供了良好的机遇。但是在实际的发展中,我国的跨境电商还存在一些问题。这就需要我们加强对跨境电商的理论研究,以更好地促进实践的发展。

　　本书共八章。第一章绪论,对跨境电商的含义、特点和重要性、发展历程以及发展趋势进行分析。第二章跨境电商的发展现状,对跨境电商的主要模式、当前存在的问题、跨境电商的时代机遇进行阐述。第三章跨境电商的多平台运营,从速卖通平台店铺运营、亚马逊平台店铺运营、Wish 平台运营、Lazada 平台运营、eBay 平台店铺运营五个方面进行探讨。第四章跨境电商的营销策略,内容包括邮件营销、SNS 营销和品牌营销三个方面。第五章跨境电商的客户服务,论述客服工作范畴及目标、跨境电商的客户维护、跨境电商客服体系的建设。第六章跨境电商与国际物流，从跨境电商物流环境、我国跨境电商主要的物流方式和海外仓的运作和管理三个方面进行研究。第七章跨境电商与第三方支付，对跨境电商第三方支付的内涵、结算方式、特征，支付宝的跨境支付以及 PayPal 的跨境支付等内容进行研究。第八章跨境电商运营案例，重点分析阿里巴巴和中国制造网。

　　本书在撰写的过程中参考了许多专家学者的研究成果，在这里一并向他们表示感谢。由于学术水平限制，本书在内容上难免有所不足，希望能与各位读者进行交流沟通，共同促进本书的完善。

作　者

2018 年 4 月

目 录

第一章 绪 论

跨境电商作为电子商务的重要分支,继 PC 电商、移动电商之后,已成为企业及个人创业者施展身手的新蓝海。随着跨境电子商务的崛起,企业应转变理念、创新业务模式、保持竞争优势、破解发展困局,真正实现外贸转型升级。

第一节 跨境电商的含义、特点和重要性

一、跨境电商的含义

跨境电商的全称是跨境电子商务(Cross-border Electronic Commerce),指通过电子商务平台达成交易、进行结算,并通过跨境物流送达、完成交易的一种国际商业活动。

在我国,跨境电商特指跨境电子商务零售出口(不含进口),具体是指我国出口企业通过互联网向境外零售商品,主要以邮寄、快递等形式送达的经营行为,也就是跨境电子商务企业对境外消费者的出口。根据国家海关总署〔2014〕12 号文件规定,跨境电商在海关的监管方式代码为"9610"。跨境电商的含义具体有以下三个方面的体现。

第一,买卖双方分属不同关境。关境的全称是海关境域,也可以称作税境。它是指实施同一海关法规和关税制度的境域,是一个国家或地区行使海关主权的执法空间。一般情况下,关境等于国境,但又不是绝对的。鉴于此,买卖双方分属不同关境,可以

通俗地理解为商品销售是要"过海关"的。

第二，需要通过跨境物流送达。商品过海关需要通过跨境物流递送才能最终达成交易，因此它属于一种国际商业活动。

第三，跨境电商有各种不同分类。从进出口方面看，跨境电商可以分为出口跨境电商和进口跨境电商两大类；从交易模式看，跨境电商可以分为 B2B（企业对企业）、B2C（企业对个人）、C2C（个人对个人）三大类；从 E 贸易方式看，跨境电商可以分为 E 贸易跨境电商和一般跨境电商两大类。从目前的发展趋势看，B2C、C2C 模式所占比重越来越大。

二、跨境电商的特点

（一）直接性

跨境电商通过外贸 B2B、B2C 平台，能够实现境内外企业之间、企业和市场之间的直接联系，买卖双方直接产生交易。这就彻底改变了过去传统的国际贸易要通过国内出口商和国外进口商、批发商、零售商，以及境内和境外企业分段流通、多道中间环节后，才能到达国外消费者手中的交易模式，不仅缩短了时间，减少了出口环节，还大大降低了交易成本。

（二）高频度

跨境电商具有直接交易和小批量的特点，再加上跨境电商跳过一切中间环节与市场实时互动，就注定了其具有即时采购的特点，交易频率大大超过传统外贸行业。

（三）小批量

跨境电商的批量很小，甚至可能只有一件商品。这就大大扩大了消费面、降低了平台的销售门槛，因此其销售灵活性是传统外贸大批量采购、集中供应所无法比拟的。

（四）高盈利率

跨境电商由于采用点对点交易，跳过了一切中间环节，所以看似最终售价降了不少，但盈利率却比传统外贸行业高出好几倍。相关数据表明，传统国际贸易的盈利率一般在 5%～10%，而跨境电商的盈利率一般可达 30%～40%。

三、跨境电商的流程

大致来看，跨境电商出口的流程为：出口商/生产商将商品通过跨境电子商务企业（平台式或自营式）进行线上展示，在商品被选购下单并完成支付后，跨境电子商务企业将商品交付给境内物流企业进行投递，经过出口国和进口国的海关通关商检后，最终经由境外物流企业送达消费者或企业手中，从而完成整个跨境电商交易过程。在实际操作中，有的跨境电商企业直接与第三方综合服务平台合作，让第三方综合服务平台代办物流、通关商检等系列环节的手续。也有一些跨境电商企业通过设置海外仓等方法简化跨境电商部分环节的操作，但其流程仍然以上述框架为基础。跨境电商进口的流程除方向与出口流程的相反外，其他内容基本相同。

由此可以看出，跨境电商兼具一般电子商务和传统国际贸易的双重特性，其贸易流程比一般电商贸易流程要复杂得多，它涉及国际运输、进出口通关、国际支付与结算等多重环节，也比传统国际贸易更需考虑国际展示和运营的电子商务特性。跨境电商在国际贸易领域也发挥着越来越重要的作用。

四、跨境电商与国内电商的区别

（一）业务环节方面的差异

国内电子商务是国内贸易，而跨境电子商务实际上是国际贸易,因其具有的国际元素,而区别于一般的电子商务。较之国内电子商务,跨境电子商务业务环节更加复杂,需要经过海关通关、检验检疫外汇结算、出口退税、进口征税等环节。在货物运输上,跨境电商通过邮政小包、快递方式出境,货物从售出到国外消费者手中的时间更长,因路途遥远、货物容易损坏,且各国邮政派送的能力相对有限,集聚增长的邮包量也容易引起贸易摩擦。国内电子商务发生在国内,以快递方式将货物直接送达消费者手中,路途近、到货速度快、货物损坏概率低。

(二)交易风险方面的差异

国内生产企业知识产权意识比较薄弱,再加上 B2C 电子商务市场上的产品多为不需要高科技和大规模生产的日用消费品,很多企业缺乏产品定位,什么热卖就上什么产品,大量的低附加值、无品牌、质量不高的商品和假货仿品充斥跨境电子商务市场,使侵犯知识产权等现象时有发生。在商业环境和法律体系较为完善的国家,很容易引起知识产权纠纷,后续的司法诉讼和赔偿十分麻烦。而国内电子商务行为发生在同一个国家,交易双方对商标、品牌等知识产权的认识比较一致,侵权引起的纠纷较少,即使产生纠纷,处理时间较短、处理方式也较为简单。

(三)交易主体方面的差异

国内电子商务交易主体一般在国内,国内企业对企业、国内企业对个人或者国内个人对个人。而跨境电子商务交易的主体肯定是跨境之间。可能是国内企业对境外企业、国内企业对境外个人或者国内个人对境外个人。交易主体遍及全球,有不同的消费习惯、文化心理、生活习俗,这要求跨境电商对国际化的流量引入、广告推广营销、国外当地品牌认知等有更深入的了解,需要对国外贸易、互联网、分销体系、消费者行为有很深的了解,要有“当地化/本地化”思维,远远超出日常国内的电商思维。

(四)适用规则方面的差异

跨境电商比一般国内电子商务所需要适应的规则更多、更细、更复杂。首先是平台规则。跨境电商经营借助的平台除了国内的平台,还可能在国外平台上开展交易,国内的 B2B 以及 B2C 平台已经很多,各个平台均有不同的操作规则,海外各国的平台及其规则更是令人眼花缭乱。跨境电商需要熟悉不同海内外平台的操作规则,具有针对不同需求和业务模式进行多平台运营的技能。

国内电子商务只需遵循一般的电子商务的规则,但是跨境电商则要以国际通用的系列贸易协定为基础,或者是以双边的贸易协定为基础。跨境电商需要有很强的政策、规则敏感性,要及时了解国际贸易体系、规则,进出口管制、关税细则、政策的变化,对进出口形势也要有更深入的了解和分析能力。

五、跨境电商的重要性

跨境电商发展至今,它改变了整个国际贸易的组织方式,概括来说其主要作用有以下几点。

(一)促进贸易要素多边网状融合

随着全球范围内互联网技术、物流、支付等方面的迅猛发展与逐步完善,基于大数据、云计算等信息技术的提升与挖掘,国际贸易中的商品流、信息流、物流、资金流等要素在各国间的流动变得更为合理和有效。跨境电商使得各国间实现优势资源有效配置,提升购物效率和购物体验成为可能。消费者在 A 国的购物平台可以挑选来自全球的优质商品,选定后可以在 B 国的支付平台上结算,并选择 C 国的物流公司。跨境电商促进了贸易要素的配置从传统的双边线状结构向多边网状结构的方向演进。

（二）促进传统外贸企业转型升级

受世界经济复苏态势缓慢及国内劳动力价格上涨、人民币升值等成本要素上升和贸易摩擦加剧等因素影响，我国外贸增速显著下滑，连续两年增速在个位数徘徊，传统外贸企业遇到前所未有的困境。大力发展跨境电商有助于在成本和效率层面增强我国的进出口竞争优势，提高外贸企业的利润率；同时，随着电商渠道的深入渗透，可以使企业和最终消费建立更畅通的信息交流平台，对企业及时掌握市场需求、调整产品结构、提升产品品质、树立产品品牌、建立电商信用体系，从而增强我国外贸的整体竞争力，对稳定外贸增长起到重要作用。

（三）促进产业结构升级

跨境电子商务的发展，直接推动了物流配送、电子支付、电子认证、信息内容服务等现代服务业和相关电子信息制造业的发展。目前，我国电商平台企业已超过 5000 家，一批知名电商平台企业、物流快递、第三方支付本土企业加快崛起。更加突出的是，跨境电子商务将会引发生产方式、产业组织方式的变革。面对多样化、多层次、个性化的境外消费者需求，企业必须以消费者为中心，加强合作创新，构建完善的服务体系，在提升产品制造工艺、质量的同时，加强研发设计、品牌销售，重构价值链和产业链，最大限度地促进资源优化配置。

（四）缩减国际贸易的贸易链条

传统国际贸易一般采取多级代理制，贸易链条较长，流通环节占用的利润较多，留给品牌、销售和金融等产业后端环节的利润相对较少，影响了产业的发展。跨境电商作为一种新型的国际贸易组织模式，重塑中小企业国际贸易链条，实现多国企业之间、企业与小型批发商之间、企业与终端消费者之间及消费者与消费者之间的直接贸易，大大缩减了贸易中间环节，提升了企业整体的获利能力和竞争力。

(五)提升国际贸易组织方式的柔性

近年来,国际贸易的组织方式发生较大的变化,它已由过去以大宗集中采购、长周期订单、低利润运营的刚性组织方式逐渐向小批量、高频次、快节奏的柔性组织方式转变。跨境电商在信息、技术方面的优势使得它比传统国际贸易更具灵活机动性,也使得企业或消费者能够按需采购、销售或者消费,多频次地购买成为可能。

(六)扩充国际贸易的交易对象"虚实"兼顾

传统国际贸易的交易对象多以实物产品和服务为主,其品类扩展往往受限。但随着跨境电商的迅速发展,以软件、游戏、音像等为代表的虚拟产品由于不涉及物流配送,交易瞬间完成,正成为跨境电商新一轮贸易品类的重要延伸方向。但虚拟产品的知识产权保护、海关监管的缺失、关税的流失等问题也为跨境电商虚拟产品贸易的发展带来了新的挑战。

第二节　跨境电商的发展历程

一、跨境电商的三个发展阶段

出口是拉动我国经济持续发展的"三驾马车"之一,在经济社会发展中有着重要的地位,也是我国实施"走出去"战略、增强国际影响力的重要途径。随着互联网为代表的新一轮信息技术革命的到来,我国的对外贸易产业也在积极进行互联网化转型升级,探索合适的跨境电商模式。1999年阿里巴巴的成立,标志着国内供应商通过互联网与海外买家实现了对接,成为我国出口贸易互联网化转型、探索跨境电商的第一步。在十几年的发展中,国内跨境电商经历了从信息服务到在线交易,再到全产业链服务三个主要阶段。

(一)第一阶段(1999—2003 年)

这一阶段从 1999 年阿里巴巴成立开始,一直持续到 2004 年敦煌网上线。这是我国跨境电商发展的起步摸索阶段,主要是将企业信息和产品放到第三方互联网平台上进行展示,以便让更多的海外买家了解到国内供应商的信息,促进交易量的增长。

由于互联网发展水平和其他因素的限制,跨境电商在这一阶段的第三方互联网平台,主要是提供信息展示服务,并不涉及具体交易环节。这时的跨境电商模式可以概括为线上展示、线下交易的外贸信息服务模式,本质而言只是完成了整个跨境电商产业链的信息整合环节。

当然,这一模式在发展过程中也衍生出了一些其他信息增值服务,如竞价推广、咨询服务等内容。至于平台的盈利模式,主要是向需要展示信息的企业收取一定的服务费,本质上是一种广告创收模式。

本阶段的最典型代表是 1999 年创立的阿里巴巴。它是服务于中小企业的国内最大的外贸信息黄页平台之一,致力于推动中小外贸企业真正走出国门,帮助它们获得更广阔的海外市场。

1970 年成立于深圳的环球资源外贸网,也是亚洲较早涉足跨境电商信息服务的互联网平台。此外,这一时期还出现了中国制造网、韩国 EC21 网、Kelly Search 等诸多跨境贸易信息服务的互联网平台。

(二)第二阶段(2004—2013 年)

以 2004 年敦煌网的上线为标志,国内跨境电商迈入了新的发展阶段:各个跨境电商平台不再只是单纯提供信息展示、咨询服务,还逐步纳入了线下交易、支付、物流等环节,真正实现了跨境贸易的在线交易。

与第一阶段相比,跨境电商第二阶段才真正体现出电子商务模式的巨大优势:通过互联网平台,不仅实现了买卖双方的信息对接,还使信息、服务、资源等得到进一步的优化整合,有效打通了跨境贸易价值链的各个环节。

B2B平台模式是这一阶段跨境电商的主流形态,即通过互联网平台,将外贸活动的买卖双方(中小企业商户)进行直接对接,以减少中间环节、缩短产业链,使国内供应商拥有更强的议价能力,获得更大的效益。

同时,第三方平台也在这一阶段实现了创收渠道的多元化:一方面,将前一阶段的"会员收费"模式改为收取交易佣金的形式;另一方面,平台网站还会通过一些增值服务获取收益,如在平台上进行企业的品牌推广,为跨境交易提供第三方支付和物流服务等。

(三)第三阶段(2014年至今)

国内电子商务经过十几年的深耕培育,已经逐渐走向成熟。同样,跨境电商也随着互联网发展的深化,以及电子商务整体业态的成熟完善。2014年,被称为"跨境电商元年",2015年更是集中爆发。

跨境电商逐渐呈现出以下几个方面的特征。

第一,随着电商模式的发展普及,跨境电商的主要用户群体,从势单力薄的草根创业者,逐渐转变为大型工厂、外贸公司等具有很强生产设计管理能力的群体,这使得平台产品由网商、二手货源向更具竞争力的一手优质产品转变。

第二,这一阶段,电商模式由C2C、B2C模式转向B2B、M2B模式,国际市场被进一步拓宽,B类买家形成规模,推动了平台上中大额交易订单的快速增加。

第三,更多大型互联网服务商加入,使跨境电商3.0服务全面优化升级,平台有了更成熟的运作流程和更强大的承载能力,外贸活动产业链全面转至线上。

第四,移动端用户数量飙升,个性化、多元化、长尾化需求增多,生产模式更加柔性化、定制化,对代运营需求较高,线上线下的配套服务体验不断优化升级。

二、跨境电商快速发展的主要推动因素

短短十几年的时间,我国跨境电商就从只有信息展示的第一阶段,发展到如今全产业链服务在线化的"大时代"。跨境电商的快速发展,既得益于政府的大力推动、扶持,也受益于电子商务整体业态的发展成熟。

(一)B2B 电子商务模式在全球贸易市场得到飞速发展

2013 年,美国 B2B 在线交易规模达到 5590 亿美元,远远大于 B2C 市场交易规模。同时,高达 59% 的采购商主要通过线上渠道进行产品采购;27% 的采购商在线月均采购额为 0.5 万美元;50% 的供应商正努力推动买家转至线上交易,以减少流通环节,获得更多利润和议价能力。在国际市场中,B2B 模式正被越来越多的企业所认可和接受,这为我国跨境电商的发展创造了有利的市场氛围。

据电子商务研究中心监测数据显示,2017 上半年中国跨境电商交易规模 3.6 万亿元,同比增长 30.7%。其中,出口跨境电商交易规模 2.75 万亿元,进口跨境电商交易规模 8624 亿元(包括进口、B2B、B2C、C2C)。①

(二)政府的高度重视和大力支持

对外贸易一直是拉动我国经济增长的重要引擎。因此,中央

---

① 2017 年度中国跨境电商政策研究报告[EB/OL]. http://www.100ec.cn/detail-6441350. html.

和各级地方政府对于国内跨境电商行业的发展,一直抱有十分积极的支持态度,不断出台相关的政策法规,为跨境电商的发展提供有利的政策和制度环境。例如,国家发改委连续两年发布了《关于进一步促进电子商务健康快速发展有关工作的通知》(发改办高技〔2012〕226号),(发改办高技〔2013〕894号);2014年,海关总署更是专门发布了《关于跨境贸易电子商务进出境货物、物品有关监管事宜的公告》。这些政策的出台,规范了国内的跨境电商市场秩序,为跨境电商的持续发展提供了制度和政策上的保障。2015年6月20日国务院办公厅发布了《关于促进跨境电子商务健康快速发展的指导意见》;2017年4月8日,财政部联合海关总署和国家税务总局共同推出《关于跨境电子商务零售进口税收政策的通知》等,跨境电商政策的密集出台,对行业发展起到积极的推动作用。随着我国电子商务发展的政策环境、法律法规、标准体系以及支撑保障水平等各方面的完善与提升,根据试点地区的实际情况以及海关等相关部门的统计数字,后续跨境电商相关配套政策措施将不断优化和深化。外贸企业应抓住难得的历史机遇,研究利用好政策红利,完成转方式调结构,增强我国企业的国际竞争力,塑造"中国创造"的新形象,为我国外贸打开新的上升通道。

(三)移动电商的快速发展

智能手机和无线上网技术的发展成熟,推动了互联网从PC时代走向连接更为高效、方便、快捷的移动互联网时代。移动互联网培育了用户移动化、碎片化、场景化的消费习惯,优化了人们的线上购物体验,也推动了移动电商交易规模的爆炸式增长。移动电商的迅猛发展,对跨境电商新时代的快速到来形成了有力支持。2015年电子商务已经成为国民经济的重要增长点。2014年,电子商务交易总额增速是28.64%,是国内生产总值的3.86倍。全国网络销售额增速较社会消费品零售总额的增速快了37.7个百分点。此外,移动电子商务呈现爆发式增长,我国微信用户数量已经达到 5 亿,同比增长 41%。[1] 据中国电子商务研究中心(100EC.CN)发布的《2017(上)中国网络零售市场数据监测报告》显示,2017 上半年,中国移动网购交易规模到达 2.245 万亿元,在网络零售中的占比达到了 71%,与 2016 年上半年的 1.607万亿元,同比增长了 39.7%。预计到 2017 年末,中国移动网购交易规模将会达到 5.1027 万亿元。[2]

第三节　跨境电商的发展趋势

一、当前我国跨境电商发展的主要特点

目前我国跨境电商行业的发展主要体现出三个特征:跨境电商交易规模持续扩大,在进出口贸易中所占的比重持续升高;跨境电商以出口业务为主;跨境电商以 B2B 业务为主,并且 B2C 模式逐渐兴起且发展趋势良好。同时,我国对跨境电商的扶持力度大大提高,政府颁布了一系列相关政策,为跨境电商的未来发展提供了充足的内在动力。

(一)交易规模持续扩大,在进出口贸易中所占比重持续升高

由于当前世界贸易趋于收敛,越来越多的企业和商家开始致力于减少流通环节,降低流通成本,缩短和国外消费者的距离以开拓国外市场,提高经济效益,而跨境电商正好为其提供了有利的渠道。2012 年我国外贸进出口规模超过美国,成为世界进出口交易规模最大的国家,与此同时,我国的跨境电商也在快速发展。2014 年我国跨境电商交易规模为 4.2 万亿元人

---

① https://baike.so.com/doc/5410233-5648314.html#5410233-5648314-16.

② http://www.100ec.cn/detail-6415520.html.

民币,增长率为 35.5%,占我国进出口贸易总额的 15.9%。跨境电商平台企业超过 5000 家,境内通过各类平台开展跨境电商的企业超过 20 万家。2015 年,我国跨境电商交易总额为 5.4 万亿元,同比增长 28.60%;2016 年为 6.7 万亿元,同比增长 24.14%;2017 年上半年为 3.6 万亿元,同比增长 30.7%。预计,2018 年我国跨境电商交易总额将达到 10.1 万亿元,未来五年(2018—2022 年)年均复合增长率约为 23.12%,2022 年将达到 23.3 万亿元(图 1-1)。①

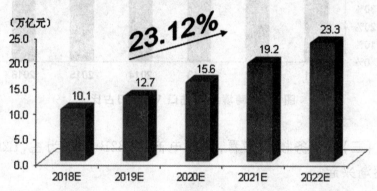

（万亿元）

图 1-1 中投顾问对 2018—2022 年中国跨境电商交易总额预测②

（二）进出口结构方面,出口跨境电商发展迅速,进口占比平稳提升

从跨境电商进出口结构上看,中国跨境电商以出口为主,根据艾瑞咨询 2016 年出口跨境电商依然占据超过 8 成的比例,出口交易规模为 5.5 万亿元,同比增长 22%,同年进口跨境电商交易规模为 1.2 万亿元,同比增长 32%。由此可以看出我国的出口跨境电商发展较进口跨境电商而言更占优势。不过,随着网购市场的开放和扩大,以及消费者网购习惯的逐渐形成和成熟,未来

---

① 2018—2022 年中国跨境电商交易额预测分析［EB/OL］. http://www. ocn. com. cn/touzi/chanye/201801/fzhbg09142614. shtml.

② 数据来源:中投顾问题产业研究中心。

进口跨境电商将会有很大的发展空间,预计未来几年进口跨境电商的占比将会逐渐提高(图 1-2)。

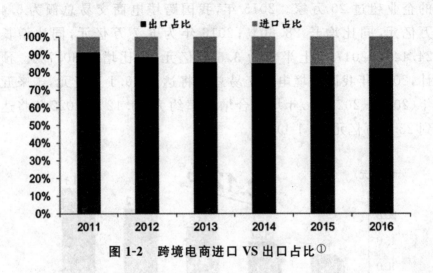

图 1-2　跨境电商进口 VS 出口占比[①]

(三)从业务模式来看,跨境电商以 B2B 业务为主,B2C 模式逐渐兴起

以运营模式为依据,可以把跨境电商分为跨境一般贸易(跨境 B2B)和跨境网络零售(跨境 B2C 和 C2C)。其中,跨境 B2B 模式在跨境电商中居于主导地位,以阿里巴巴和环球资源为代表的跨境 B2B 是以信息与广告发布为主,主要以收取会员费和营销推广费来获取收益。造成这一现象主要是由于跨境 B2B 单笔交易金额较大,大多数订单需要进行多次磋商才会达成最终协议,同时长期稳定的订单较多,而且企业一般只在线上进行信息的发布与搜索,成交和通关流程基本在线下完成。跨境零售面对的是终端客户,目前在跨境电商中所占的比重较低。从 2014 年我国跨境电商的交易模式来看,跨境 B2B 交易占比为 92.4%,占据绝对主导地位,B2C 模式也开始兴起。

---

① 　2017 年中国跨境电商行业出口状况分析[EB/OL]. http://www.chyxx.com/ industry/201712/595670. html.

二、跨境电商的发展趋势

(一)产品品类和销售市场更加多元化

随着跨境电商的发展,跨境电商交易产品向多品类延伸、交易对象向多区域拓展。

从销售产品品类来说,跨境电商企业销售的产品品类从服装服饰、3C电子、计算机及配件、家居园艺、珠宝、汽车配件、食品药品等便捷运输产品向家居、汽车等大型产品扩展。eBay数据显示,在其平台上增速最快的三大品类依次为:家居园艺、汽配和时尚,且71%的大卖家计划扩充现有产品品类,64%的大卖家计划延伸到其他产品线。不断拓展销售品类已成为跨境电商企业业务扩张的重要手段,品类的不断拓展,不仅使得"中国产品"和全球消费者的日常生活联系更加紧密,而且也有助于跨境电商企业抓住最具消费力的全球跨境网购群体。

从销售目标市场来说,以美国、英国、德国、澳大利亚为代表的成熟市场,由于跨境网购观念普及、消费习惯成熟、整体商业文明规范程度较高、物流配套设施完善等优势,在未来仍是跨境电商零售出口产业的主要目标市场,且将持续保持快速增长。与此同时,不断崛起的新兴市场正成为跨境电商零售出口产业的新动力。俄罗斯、巴西、印度等国家的本土电商企业并不发达,消费需求旺盛,中国制造的产品物美价廉,在这些国家的市场上优势巨大。

大量企业也在拓展东南亚市场,印度尼西亚是东南亚人口最多的国家,全球人口排名位居第四,具有巨大的消费潜力,当前而言,eBay、亚马逊、日本乐天等电商平台巨头都开始进入印度尼西亚市场。在中东欧、拉丁美洲、中东和非洲等地区,电子商务的渗透率依然较低,有望在未来获得较大突破。

(二)B2C 占比提升,B2B 和 B2C 两者协同发展

跨境电商 B2C 这种业务模式现已逐渐受到企业重视,近两年出现了爆发式增长,分析其原因,主要是因为跨境电商 B2C 具有一些明显的优势。相较于传统跨境模式,B2C 模式可以跳过传统贸易的所有中间环节,打造从工厂到产品的最短路径,从而赚取高额利润。国内不再满足于做代工的工贸型企业和中国品牌可以利用跨境电商试水"走出去"战略,熟悉和适应海外市场,将中国制造、中国设计的产品带向全球开辟新的战线。在 B2C 模式下,企业直接面对终端消费者,有利于更好地把握市场需求,为客户提供个性化的定制服务。与传统产品和市场单一的大额贸易相比,小额的 B2C 贸易更为灵活,产品销售不受地域限制,可以面向全球 200 多个国家和地区,从而有效地降低单一市场竞争压力,有着巨大的市场空间。

(三)移动端成为跨境电商发展的重要推动力

移动技术的进步模糊了线上与线下商务之间的界限,以互联、无缝、多屏为核心的"全渠道"购物方式将快速发展。从 B2C 方面看,移动购物使消费者能够随时、随地、随心购物,极大地拉动市场需求,增加跨境零售出口电商企业的机会。从 B2B 方面看,全球贸易小额、碎片化发展的趋势明显,移动技术可以让跨国交易无缝完成,卖家随时随地做生意,白天卖家可以在仓库或工厂用手机上传产品图片,实现立时销售,晚上卖家可以回复询盘、接收订单。基于移动端做媒介,买卖双方的沟通变得非常便捷。

(四)产业生态更为完善,各环节协同发展

跨境电子商务涵盖实物流、信息流、资金流、单证流,随着跨境电子商务经济的不断发展,软件公司、代运营公司、在线支付、物流公司等配套企业都开始围绕跨境电商企业进行集聚,服务内容涵盖网店装修、图片翻译描述、网站运营、营销、物流、退换货、

金融服务、质检、保险等内容,整个行业生态体系越来越健全,分工更清晰,并逐渐呈现出生态化的特征。目前,我国跨境电商服务业已经初具规模,有力地推动了跨境电商行业的快速发展。

(五)消费和企业运营全球化趋势增强

跨境电商的发展使得消费全球化趋势明显,无国界的消费者互动、个性定制、柔性生产和数据共享将大行其道。消费者、企业通过电商平台彼此联系,相互了解,卖家通过全渠道汇聚碎片数据,经由数据挖掘准确识别和汇聚消费者需求,实现精准营销,买卖双方互动将使 C2B、C2M 的个性化定制更具现实基础,也促进了生产柔性化,推动市场性的供应链组织方式。

跨境电商的发展也会促进企业运营的全球化,据 Analysys 易观统计,阿里巴巴、腾讯、亚马逊、Facebook 的海外收入近年来均呈现逐年递增之势,更注重全球市场的电商企业将在市场上获得独特地位,而跨境电商的发展也可以让企业迅速将业务流程全球化,资产更轻,灵敏度更高,决策更加精准。

(六)跨境电商新的贸易规则和秩序或将出现

阿里巴巴在 2016 年 8 月提出了成立 eWTP 倡议,即成立世界电子贸易平台,该平台作为一个私营部门引领、市场驱动、开放透明、多利益攸关方参与的国际交流平台,起到聚焦全球互联网经济和电子贸易发展,探讨发展趋势和面临问题,推广商业实践和最佳范例,孵化贸易规则和行业标准,推动交流合作和能力建设的职能,其宗旨和目标是促进普惠贸易发展、促进小企业发展、促进消费全球化、促进年轻人发展。

由这一倡议可以看出,随着跨境电商的迅猛发展,以及其在全球国际贸易中地位的增强,将有越来越多的跨境电商龙头企业关注并拟参与到互联网时代国际贸易规则标准的制定中去,国际贸易新规则和新秩序或将出现。

第二章 跨境电商的发展现状

了解跨境电商的发展现状,有助于针对其当前的发展模式、存在的问题以及时代发展机遇,有针对性地提出发展策略,促进跨境电商得到更好的发展。

第一节 跨境电商的主要模式

一、跨境电商出口常见模式及其代表性平台

(一)B2B 跨境电商或平台

B2B 跨境电商或平台所面对的最终客户为企业或集团客户,提供企业、产品、服务等相关信息。从当前来看,我国跨境电商市场交易规模中 B2B 跨境电商市场交易规模占总交易规模的90%以上。在跨境电商市场中,企业级市场始终处于主导地位。代表企业有阿里巴巴国际站、环球资源、中国制造网、自助贸易网、敦煌网等。

1. 阿里巴巴国际站

"阿里巴巴国际站"提供一站式的店铺装修、产品展示、营销推广、生意洽谈及店铺管理等全系列线上服务和工具,可以帮助企业降低成本、高效率地开拓外贸大市场。海外买家在阿里巴巴

国际站,可以寻找搜索买家并发布采购信息,卖家可以寻找搜索买家并发布公司产品及产品信息。阿里巴巴国际站作为 B2B 交易平台,为买家、卖家提供了沟通工具、账号管理工具,为双方的网络交易提供了诸多便利。

2. 环球资源

环球资源在 1970 年成立,2000 年在美国纳斯达克股票市场公开上市。环球资源是一家多渠道整合推广的 B2B 媒体公司,致力于促进中国的对外贸易。环球资源为其所服务的行业提供最广泛的媒体及出口市场推广服务,公司的核心业务是通过一系列英文媒体,包括环球资源网站、印刷及电子杂志、采购资讯报告、买家专场采购会、贸易展览会等形式促进亚洲各国的出口贸易。环球资源同时提供广告创作、教育项目和网上内容管理等支持服务。

在未来规划方面,环球资源将继续扩大网上外贸交易中枢业务,在地区及行业层面上充分扩展其范围,以协助环球资源为贸易社群中所有成员提供一个全套的网络市场交易中枢。同时,环球资源将继续发展跨境业务,积极适应经济全球化的浪潮,大力开拓海外市场。

3. 中国制造网

中国制造网是一个中国产品信息荟萃的网上世界,面向全球提供中国产品的电子商务服务,旨在利用互联网将中国制造的产品介绍给全球采购商。中国制造网创建于 1998 年,是由焦点科技开发和运营的,国内最著名的 B2B 电子商务网站之一,已连续四年被《互联网周刊》评为中国最具商业价值百强网站。中国制造网汇集中国企业产品,面向全球采购商,提供高效可靠的信息交流与贸易服务平台,为中国企业与全球采购商创造了无限商机,是国内中小企业通过互联网开展国际贸易的首选 B2B 网站之一,也是国际上有影响的电子商务平台。

4. 自助贸易网

自助贸易网英文名称 DIYTrade,是企业对企业的网上 B2B 贸易平台,面向全球的供货商和采购商。从 1999 年推出至今,系统已稳定地运行了 10 多年,会员在这个平台上发布的在线产品数量已突破 5000000 个。自助贸易网有着明确的定位和领先的技术,为中小企业和采购商创造了无限商机,是中小企业通过互联网开展国际贸易的首选 B2B 网站之一,也是国际上有影响的电子商务平台,并逐步成为全球商人采购及推广商品的首选平台。

5. 敦煌网

敦煌网 2004 年正式上线,是中国国内首个实现在线交易的跨境电商 B2B 平台,以中小额外贸批发业务为主,开创了"成功付费"的在线交易佣金模式,免卖家注册费,只有在买卖双方交易成功后才收取相应的手续费,将传统的外贸电子商务信息平台升级为真正的在线交易平台。

当前来看,敦煌网已经具备 120 多万家国内供应商在线,2500 万种商品,遍布全球 224 个国家和地区的 550 万买家的规模。在 10 年发展过程中,敦煌网实现了在物流、资金流和信息流三大环节的平台整合。敦煌网采取佣金制,免注册费,只在买卖双方交易成功后收取费用。其主要模式为在线交易平台型跨境 B2B 平台。

敦煌网提供第三方网络交易平台,中国卖家通过商铺建设、商品展示等方式吸引海外买家,并在平台上达成交易意向,生成订单,可以选择直接批量采购,也可以选择先小量购买样品,再大量采购。并且提供货源、海外营销、在线支付和国际物流、保险、金融、培训为一体的供应链整合服务体系,实现一站式外贸购物体验。

(二)B2C 跨境电商或平台

B2C 跨境电商的对象为个人消费者,针对最终客户以网上零售的方式,将产品售卖给个人消费者。3C类跨境电商平台在不同垂直类目的商品销售上也有所不同,如 Focalprice 主营 3C 数码电子产品,兰亭集势则在婚纱销售上占有绝对优势。3C类跨境电商市场正在逐渐发展,且在中国整体跨境电商市场交易规模中的占比不断提高。未来,3C类跨境电商市场将会迎来大规模增长。代表企业有全球速卖通、亚马逊、Wish、兰亭集势、易宝DX米兰网、大龙网等。

1. 全球速卖通

速卖通是阿里巴巴旗下面向全球市场打造的在线交易平台,被广大卖家称为国际版"淘宝"。自 2010 年 4 月上线以来,经过多年迅猛发展,目前已经覆盖 220 多个国家和地区的海外买家,每天海外买家的流量已经超过 5000 万。速卖通采用的商业模式从对成功交易收取 5% 手续费,不成功不收费,逐步向不同品类、不同支付方式、不同交易金额,收取不同手续费比率的模式发展。

速卖通是俄罗斯最受欢迎的跨境网购平台,交易额占俄罗斯跨境网购市场总值的 35%,eBay 紧随其后,所占的比率为 30%,亚马逊为 7.5%。速卖通不仅拥有英文主站,还拥有俄语、葡萄牙语分站,并计划建立印度尼西亚分站,有向东南亚扩张的趋势。速卖通的优势在于平台交易手续费率低,和其他竞争对手相比有明显的优势。主富的淘宝商品资源,其淘代销功能使得卖家可非常方便地将淘宝商品一键卖向全球,速卖通为卖家提供一站式商品翻译、上架、支付、物流等服务。凭借其"阿里巴巴国际站"的知名度,再加上各大洲相关联盟站点、谷歌线上推广等渠道为速卖通引入源源不断的优质流量。

2. 亚马逊

亚马逊以优质的仓储物流系统和售后服务体系闻名于世,除了自营业务外还对第三方卖家开放。根据卖家选择的服务不同,亚马逊采用不同的收费模式。卖家在亚马逊全球网站开店,亚马逊将收取平台月费和交易佣金,无交易则不收取交易佣金。选择亚马逊物流的卖家加收仓储和物流费用。自主配送的卖家选择的配送服务必须符合亚马逊对服务质量的相关要求。

亚马逊的优势主要在于其品牌的国际影响力和优质的买家服务体系,以及领先的国际物流仓储服务。亚马逊在北美市场提供 FBA 服务,能实现 2～3 天到货,最快次日送货;在欧洲市场,可以帮助卖家实现欧洲 5 国(英国、法国、德国、意大利、西班牙)的统一仓储和物流服务,并可配送欧盟其他国家,方便卖家向亚马逊欧洲网站的顾客提供本地化客户服务及快捷的送货服务。亚马逊平台提供免费的站内推广服务,以及向消费者精准的商品推荐服务。

3. Wish

Wish 作为较新的电商平台,不得不说它是跨境电商移动端平台的一匹黑马,从下面几个数据我们就可以看出它到底有多"黑":凭借仅 50 个人的团队,只用了 3 年时间,就成为北美最大的移动购物平台,95％的订单量来自移动端,89％的卖家来自中国,APP 日均下载量稳定在 10 万左右,注册用户数超过 3300 万,日活跃用户 100 万,重复购买率超过 50％,向卖家收取高达 15％的佣金费率……一组组令人尖叫的数据亮瞎了许多人的眼,也让 Wish 在中国跨境电商中迅速蹿红。

Wish 的优势在于坚持追求简单直接的风格,不讨好大卖家,也不扶持小卖家,全部通过技术算法将消费者与想要购买的物品连接起来。卖家进驻门槛低、平台流量大、成单率高、利润率远高于传统电商平台。与 PC 端展开差异化竞争,利用移动平台的特点,卖家不用以牺牲产品价格来取胜。

4. 兰亭集势

2007 年兰亭集势成立,是整合了供应链服务的在线 B2C 企业,拥有一系列的供应商,并拥有自己的数据仓库和长期的物流合作伙伴。兰亭集势以国内的婚纱、家装、3C 产品为主,这些产品毛利相对来说比较低,其盈利主要来源于制造成本的低廉与价格差。

兰亭集势的企业宣言是"One World One Market",公司目标是通过创新的商业模式、领先的精准网络营销技术、世界一流的供应链体系,为全世界中小零售商提供一个基于互联网的全球整合供应链。在近期规划上,兰亭集势希望能把多年来精心打造的配送体系、本地化体系、客户支持体系及数据分析系统开放出来,为卖家所用。同时,随着国家对跨境电商的重视与扶持,兰亭集势已经与多地合作,走通了跨境电商出口退税流程。在不久的将来,平台商家也有望自动享受到跨境电商的出口退税政策优惠。此外,基于现有顾客群和中国产品的特点,兰亭集势的开放平台将专注于服装品类,以 15% 分成方式与商家结算,不收取年费。

5. 易宝 DX

易宝 DX 创立于 2007 年初,易宝 DX 坚持 3C 产品的主营线路,目标市场定位于俄罗斯、巴西、以色列等新兴市场,其中巴西市场的销售额占据了网站销售总额的 23% 左右。在具体的营销模式上,DX 主打"论坛营销",通过大量的论坛合作将产品信息整合推广至各个区域市场,并以此提升用户的黏性,在物流方面,借助"全网最低价＋2 公斤以下电子产品＋国际小包免运费"的模式,吸引了大量对价格敏感的客户。2012 年 DX 上线了批发网站和垂直类网站,力求在跨境电商垂直市场上有所发展。

(三)C2C 跨境电商或平台

C2C 跨境电商所面对的最终客户为个人消费者,商家也是个人卖方。由个人卖家发布售卖的产品和服务的信息、价格等内容,个人买方对其信息进行筛选,最终通过电商平台达成交易、进行支付结算,并通过跨境物流送达商品、完成交易。代表企业有eBay、Etsy 等。

1. eBay

eBay 是在线交易平台的全球领先者,利用其强大的平台优势和旗下全球市场占有率第一的支付工具 PayPal 为全球商家提供网上零售服务。通过 eBay 的全球平台,中国卖家的支付、语言、政策、品牌、物流等问题得到很好的解决,同时在出口电商网络零售领域发挥自身优势,将产品销售到世界各国,直接面对亿万消费者。中国卖家可通过 eBay 推广自有品牌,提升世界地位认可度。eBay 也帮助买卖双方削减中间环节,为双方创造价格优势,降低运营成本。

eBay 对进驻其平台进行跨境电商交易的商家收取两项费用,一项是刊登费,即商家在 eBay 上刊登商品所收取的费用;另一项是成交费,即当交易成功时,会收取一定比例的佣金。

eBay 的优势在于其品牌国际影响力和全球市场覆盖率,健全的买家保障体系和 PayPal 支付的紧密合作。在物流方面,eBay 联合第三方合作伙伴中国邮政速递,为中国卖家提供便捷快速经济的国际 e 邮宝货运服务,并逐渐从美国、澳大利亚、德国等发达国家向俄罗斯等新兴市场延伸。eBay 推出卖家保护政策,通过大数据技术及买家质量评估,强化对卖家的支持和保护,助力卖家业务的快速发展。

2. Esty

Etsy 网是一个在线销售手工工艺品的社交型跨境电商网站,被认为是复古和创意电商,网站集聚了一大批极富影响力和号召力的手工艺术品设计师。每个人都可以在 Etsy 开店,销售自己的手工艺品,模式类似 eBay 和淘宝。2015 年 3 月,Etsy 在美国上市。

二、跨境电商进口常见模式及其代表性平台

(一)大平台模式

平台融合了支付和物流,兼顾货品的多样性和交易的安全性。其代表是易趣全球集市、天猫国际。

1. 易趣全球集市

易趣网成立于 1999 年,2002 年 3 月,eBay 以 1.5 亿美元全资控股易趣网;2012 年 4 月,Tom 集团从 eBay 手中收购易趣。2010 年 7 月 20 日,易趣推出"全球集市"这一新业务,为买家提供代购服务,目前设有美国馆和加拿大馆。

2. 天猫国际

2014 年 2 月 19 日,阿里巴巴集团宣布天猫国际正式上线,为国内消费者直供海外原装进口商品。入驻天猫国际的商家均为中国大陆以外的公司实体,具有海外零售资质;销售的商品均原产于或销售于海外,通过国际物流经中国海关正规入关。所有天猫国际入驻商家将为其店铺配备旺旺中文咨询,并提供国内的售后服务,消费者可以像在淘宝购物一样使用支付宝买到海外进口商品。而在物流方面,天猫国际要求商家 72 小时内完成发货,14 个工作日内到达,并保证物流信息全程可跟踪。这些举措使得买家跨境购物体验与国内购物相差无几,在解决支付和物流的同时,也解决了交流与沟通问题。

(二)自营+平台模式

该模式由大型企业主导,既有自营产品,又利用平台引入第三方企业。其代表是亚马逊海外购、苏宁海外购。

苏宁海外购(http://gsuning.com)频道于 2014 年 12 月上线,采用"自营直采+平台海外招商"模式,以母婴美妆、食品保健、电子电器、服装鞋帽四大品类为主。目前已相继上线中国香港、日本、美国、韩国、欧洲五地的品牌馆。

(三)链接销售模式

该模式又称为返利模式,主要通过提供大量的跨境进口的链接资源,以论坛、即时通信工具、社交网站等形式进行推广。对于通过链接进行购买的销售额,按照一定比例提供佣金,从而实现病毒式的传播。其代表是 55 海淘、海淘城等。

55 海淘网是一家致力于为国内消费者提供海外购物全方位咨询服务的网站。介绍来自全球的网络商品的信息,并提供海淘返利和海淘转运,使得消费者可以在全球范围内自由浏览及选购商品。

(四)M2B2C 模式

该模式主要打通了国外优质生产商、零售商和国内消费者的通路,缩短跨境进口的链条。其代表是海豚村、洋码头、小红书、蜜芽等。

1. 海豚村

海豚村是一家主打"平价购物"的海外直邮网站,于 2013 年 12 月 20 日正式上线。海豚村通过与欧洲知名厂商合作,建立中欧物流通道,面向中国消费者销售海外品牌商品。商品价格与欧洲零售价同步、欧洲原产地直发、商品运输周期超长则赔偿、7 天无理由退货、购物送海豚币等。

2. 洋码头

洋码头于 2011 年 6 月正式上线,打通了从美国、欧洲、日本等世界各地购买当地商品的渠道,并跨过所有中间环节,提供直购邮购服务,免去了零散代购模式中的一切繁杂手续。洋码头移动端 APP 内拥有首创的"扫货直播"频道;而另一特色频道"聚洋货",则汇集全球各地知名品牌供应商,提供团购项目,认证商家一站式购物,保证海外商品现货库存。

3. 小红书

小红书创办于 2013 年 6 月,是一个社区电商平台,主要包括两个板块,UGC(用户原创内容)模式的海外购物分享社区,以及跨境电商"福利社"。小红书"福利社"采用 B2C 自营模式,直接与海外品牌商或大型贸易商合作,通过保税仓和海外直邮的方式发货给用户。

4. 蜜芽

蜜芽的前身是 mia 时尚母婴用品,2011 年在淘宝上线,后来逐步发展为进口母婴品牌限时特卖商城,目标是创造简单、放心、有趣的母婴用品购物体验。"母婴品牌限时特卖"是指每天在网站推荐热门的进口母婴品牌,以低于市场价的折扣力度,在 72 小时内限量出售。

(五)网购保税模式

网购保税模式是指境外商品入境后暂存保税区内,境内消费者凭身份证件购买物品,从保税区,通过国内物流的方式送达。该模式主要由政府主导,包括宁波的跨境购、上海的跨境通、郑州的 E 贸易平台、重庆的爱购保税等。

1. 跨境购

跨境购是由国家发改委和海关总署授牌的宁波跨境贸易电子商务服务平台。它依托与海关、国检等部门对接的跨境贸易电子商务服务系统,可实现快速通关,解决灰色通关问题。纳入跨境购平台的卖家都经过平台认证,买家可享受实名身份备案、税单查询、商品防伪溯源查询等跨境网购服务。买家下单后，平台提供商品追溯二维码，买家手机扫描二维码后，商品进口的详细信息一目了然，买家验证真伪极为便利。

2. 跨境通

跨境通是一家上海自贸区官方的进口商品海外购物商城，所有商品全部原装进口，消费者购买后由上海自贸区发货并实行国内售后；跨境通平台还是一家从事第三方进口清关及物流增值服务的跨境电商网站，它为入驻商户提供备案服务、商品交易导购和推广服务、体化通关服务以及跨境资金结算服务。跨境通实现全程电子化管理，商品流程及管理比较透明，可信度很高。

第二节　跨境电商当前存在的问题

一、跨境电商平台门槛低，存在信誉缺失问题

由于跨境电商的门槛随着国际市场的逐步开拓而越来越低，只要符合一定申报条件的企业和个人都可以通过跨境平台进行交易。尽管我国跨境电商主体的数量较 2008 年已经增长了 2.6 倍，跨境贸易总量也在不断地增长，但是除了天猫国际等几个大型跨境电商企业信誉较高以外，规模较小的电商仍然面临失信问题。当前我国跨境电商的发展处于上升的黄金时期，即使存在部分电商的失信问题，也不会对跨境电商总额造成明显的影响。在大型跨境电商企业中，也存在监管不力、失信行为。这种情况主要发生在跨境电商进口方面，主要表现为跨境电商进口产品不合格。第一，违反国家产品质量法等相关的法律规定，商品的构成成分存在严重的超标或者不达标的情况；第二，商品的说明和中

文标识不清楚或者含湿不清,造成了消费者对产品的误解。在2016年质量报告的新闻中,就有顾客投诉在天猫国际买到了假奶粉等问题,影响较为恶劣,影响了跨境电商平台和企业的口碑与信誉。

二、法律法规有待完善,尚需出台稳定性政策

在国家立法层面,仍未出台明确跨境电子商务定义、性质、认定标准、监管原则的法律法规。国家各部门也普遍缺乏执行层面有效契合跨境电子商务的部门规章,且在政策执行方面普遍持审慎态度,适应跨境电子商务发展特点的政策体系尚未形成。现有监管政策虽明确按照货物实施税收征管,但各监管部门在安全准入事后监管、风险防控和支持创新等各环节均因缺乏法律依据而存在不确定因素。政策的不稳定性也使得跨境电子商务合法性和有效性难以平衡,促进电子商务行业健康发展与有效实施监管依然矛盾重重。

三、跨境物流费用昂贵,发展滞后

随着我国跨境电商贸易额的不断增加,订单数量不断上涨,销售的国家也遍布全球。我国跨境电商的迅速发展促进了物流业的快速发展,但也在进出口物流方面面临着巨大的压力。传统形式的对外贸易物流方式已经不能满足跨境电商的即时、高效、便利、安全的要求。同时,由于运输业成本的上升,国际物流费用较高,小批量订单的运输成本较批量订单的运输成本过高,费用增长速度较快。

因成本所造成的物流问题在一定程度上阻碍了跨境电商的发展。尽管国内的一些电商平台为了降低物流成本,在海外建立了海外仓,以及时保证交易的完成,但海外仓并非对每个电商企业都适合,还应探索新的物流模式。而当前的保税区模式虽然降

低了物流的成本，但同时也面临着订货需求量难以准确预估的库存难题，增加库存成本的同时也变相地增加了物流的成本。

四、综试区经验有待推广，区域政策尚需平衡

2016 年初国务院批复 12 个城市为新的跨境综试区试点城市，要求其借鉴中国（杭州）跨境电子商务综合试验区经验和做法，着力在跨境电子商务 B2B 相关环节的技术标准、业务流程、监管模式和信息化建设等方面先行先试。但部分新增综试区城市在建设推进过程中未能着力于 B2B 业务发展，存在片面追求园区建设和贸易数据等情况，创新支持跨境电子商务行业监管模式和发展模式办法不多，尚无法形成行之有效的综试区建设经验在全国范围内复制推广。而随着税收新政实施，跨境电子商务零售进出口业务不再仅限于试点城市开展，但仅早期的 10 个试点城市享有 1 年过渡期内暂不验核通关单等过渡期政策，造成试点与非试点城市间政策不平衡。

五、跨境电商地区发展不均衡

跨境电商地区发展的不均衡主要表现在两个方面。

一是跨境电商贸易总额的不平衡。从我国试点城市和跨境电商交易额地区分布的现状分析中不难看出，东部沿海发达城市的跨境电商的贸易额占比非常高，达到 70.1％，仅广东一个省份就达到了 24.7％，浙江紧随其后，与江苏并驾齐驱。地区发展的不均衡严重，西部内陆省份很难享受到跨境电商发展所带来的红利。由于试点城市的影响和地区经济自身发展的差异，发达省份与欠发达地区在承接跨境电商发展时，接收和发展的程度不同，跨境电商贸易额差距较大，尤其在跨境电商出口方面，欠发达地区较发达省份差距更大。

二是跨境电商试点城市发展的不均衡。在国家积极发展跨

境电商试点的政策背景下，已经成为跨境电商试点的城市之间，发展并不均衡。上海、广州、杭州三个城市领跑试点城市，重庆、郑州等城市发展较为缓慢。例如，广州等发达城市作为较早一批的跨境电商的试点城市，基础设施建设完善，物流仓储建设初具规模，发展迅速，带动了相关产业发展的同时，也吸收了大量周边的资源。起步较晚的试点城市仍在不断的尝试中，但与较早起步的试点城市在贸易量上存在显著的差距。

六、监管渠道有待统筹，准入风险依然存在

一方面大量跨境网购商品仍然通过传统邮件、快件渠道进境，跨境电子商务零售进口商品因单次限值、年度限额以及品种限制造成适用范围相对传统邮快件渠道较窄，且不同渠道监管场所、税收政策均不一致，易因政策变动形成洼地，亟待全局统筹改进。另一方面新政虽配套出台《跨境电子商务零售进口商品清单》对安全准入予以限制，但跨境电子商务商品量小、批次多、来源渠道复杂等特点导致商品质量安全、疫病疫情等风险依然存在，特别是12个享受过渡期优惠政策的试点城市风险相对较高。

七、协同机制有待完善，信息系统有待整合

目前海关、商检、食药监、外管、国税等部门往往是从本部门职责出发进行管理，未能建立有效与畅通的协调协作机制，跨部门协同管理机制尚不完善。同时因全国没有统一的"单一窗口"，各部门之间无法按照"三互"要求实现完整的信息交互和共享，行政执法资源未能得到有效整合，且因监管部门均设定了自身的数据标准，未能按照"开放、共享"理念实现部门间技术标准、业务流程和信息化系统实现统一，导致跨境电子商务参与主体难以适从。

第三节 跨境电商的时代机遇

一、政策的大力支持

近期,有关部门出台了直接针对跨境电商的政策和部门规定,主要是解决目前跨境电商发展遇到的新问题和监管难题。主要有以下几个方面。

(一)从国家对外贸易的高度出台对跨境电商的支持鼓励政策

2013 年 7 月国务院办公厅下发的"外贸国六条"为跨境电商的发展提供了重要的政策基础。从外贸政策的角度,鼓励和支持跨境电商在外贸中发挥更大的作用。六条措施分别是:

(1)制定便利通关办法,抓紧出台"一次申报、一次查验、一次放行"改革方案,分步在全国口岸实行。

(2)整顿进出口环节经营性收费,减少行政事业性收费。暂免出口商品法定检验费用。减少法定检验商品种类,原则上工业制成品不再实行出口法定检验。抓紧研究法定检验体制改革方案。

(3)鼓励金融机构对有订单、有效益的企业及项目加大支持力度,发展短期出口信用保险业务,扩大保险规模。

(4)支持外贸综合服务企业为中小民营企业出口提供融资、通关、退税等服务。创造条件对服务出口实行零税率,逐步扩大服务进口。

(5)积极扩大商品进口,增加进口贴息资金规模。完善多种贸易方式,促进边境贸易。

(6)努力促进国际收支基本平衡,保持人民币汇率在合理均衡水平上的基本稳定。

国务院第一次正式提出"外贸综合服务企业"这一概念,由此可以表明政府首次明确了达通、广新达等外贸 B2B 服务商作为服务机构的身份,并支持它们为中小民营企业出口提供融资、通关、退税等服务。

2015 年 6 月 10 日,国务院出台《关于促进跨境电商健康快速发展的指导意见》,强调促进跨境电商健康快速发展,用"互联网＋外贸"实现优进优出,有利于扩大消费、推动开放型经济发展升级、打造新的经济增长点。其明确了跨境电商的主要发展目标,特别是提出要培育一批公共平台、外贸综合服务企业和自建平台,并鼓励国内企业与境外电商企业强强联合。跨境电商是"稳增长"与"互联网＋"两个概念的结合,推动跨境电商的发展,有助于直接带动我国物流配送、电子支付、电子认证、信息内容服务等现代服务业和相关制造业的发展,加快我国产业结构转型升级的步伐。未来政府将不断优化通关服务,逐步完善直购进口、网购保税等新型通关监管模式,打造符合跨境电商发展要求的"一带一路"物流体系。

2017 年 1 月 15 日,国务院印发《关于同意在天津等 12 个城市设立跨境电子商务综合试验区的批复》,同意在天津市、上海市、重庆市、合肥市、郑州市、广州市、成都市、大连市、宁波市、青岛市、深圳市、苏州市 12 个城市设立跨境电子商务综合试验区。借鉴中国(杭州)跨境电子商务综合试验区的经验和做法,因地制宜,突出本地特色和优势,着力在跨境电子商务企业对企业(B2B)方式相关环节的技术标准、业务流程、监管模式和信息化建设等方面先行先试,为推动全国跨境电子商务发展提供可复制、可推广的经验,用新模式为外贸发展提供新支撑。明确了有关部门和省、直辖市人民政府推进综合试点工作应遵守的原则。一是坚持深化简政放权、放管结合、优化服务等改革,大力支持综合试验区大胆探索、创新发展,同时控制好风险;二是在确保安全的基础上,坚持在发展中规范、在规范中发展,为综合试验区各类市场主体公平参与市场竞争创造良好的营商环境;三是试点工作要循序渐进，适时调整。

2017 年 9 月 20 日，国务院召开的常务会议决定，再选择一批基础条件好、发展潜力大的城市建设新的综合试验区，推动跨境电商在更大范围发展，将跨境电商监管过渡期政策延长一年至 2018 年底。电子商务研究中心主任曹磊认为，这代表了国家对跨境电商的支持和认可，对于行业的发展是一个利好消息。目前而言，此次政策对跨境电商平台和卖家乃至整个行业都是利好。在此之前，我们也通过各种渠道消息，包括政策层面和行业层面，已经有初步判断，政策还是会维持稳定性，不太会有很大调整，所以过渡期政策会继续再延迟一年。中央之前类似的文件以及领导讲话里也释放了这样的信号。过渡期政策再延长一年，一方面，可以和国际大环境保持一致，监管政策不过紧也不过松，保持适度。另一方面，可以在过渡期内加强产业融合，使政策兼顾跨境电商、产业和进口等多方面的发展，使政策更为平稳。

2017 年 11 月 27 日，商务部等 14 部门发布《关于复制推广跨境电子商务综合试验区探索形成的成熟经验做法的函》，意见表示，跨境电商线上综合服务和线下产业园区"两平台"及信息共享、金融服务、智能物流、风险防控等监管和服务"六体系"等做法已成熟可面向全国复制推广，供各地借鉴参考。还请各地结合实际，深化"放管服"改革，加强制度、管理和服务创新，积极探索新经验，推动跨境电商健康快速发展，为制定跨境电商国际标准发挥更大作用。电子商务研究中心主任曹磊认为，商务部、海关总署等 14 部门联合发函复制推广跨境电子商务综合试验区探索形成的成熟经验做法，将极大地助跨境电商行业的快速发展。经过几年的行业沉浮，中国跨境电商行业链条日臻完善，行业格局日渐稳固。此次各部委要求各地复制推广跨境综试区等两平台的经验做法。这是国家对杭州综试区最为认可的两点经验，也是杭州综试区的核心架构。

(二)针对跨境零售出口的政策

2013 年 8 月，商务部、发展改革委等 9 部门出台了《关于实施支持跨境电商零售出口有关政策的意见》(以下简称《意见》)。《意见》中,第一次针对跨境零售出口出台了支持政策,将跨境电商零售出口纳入海关的出口贸易统计,提出了确定零售出口的新型海关监管模式及专项统计、检验监管模式、收结汇、支付服务、税收政策、信用体系等6项具体措施:(1)建立电子商务出口新型海关监管模式并进行专项统计,主要用以解决目前零售出口无法办理海关监管统计的问题。(2)建立电子商务出口检验监管模式,主要用以解决电子商务出口无法办理检验检疫的问题。(3)支持企业正常收结汇,主要用以解决企业目前办理出口收汇存在困难的问题。(4)鼓励银行机构和支付机构为跨境电商提供支付服务,主要用以解决支付服务配套环节比较薄弱的问题。(5)实施适应电子商务出口的税收政策,主要用以解决电子商务出口企业无法办理出口退税的问题。(6)建立电子商务出口信用体系,主要用以解决信用体系和市场秩序有待改善的问题。

财政部和国家税务总局在2013年12月30日又出台了《关于跨境电商零售出口税收政策的通知》(财税〔2013〕96号),规定了电子商务出口企业出口货物适用增值税、消费税退(免)税政策的条件:(1)电子商务出口企业出口货物同时符合下列条件的,适用增值税、消费税退(免)税政策:电子商务出口企业属于增值税一般纳税人并已向主管税务机关办理出口退免)税资格认定;出口货物取得海关出口货物报关单(出口退税专用),且与海关出口货物报关单电子信息一致;出口货物在退(免)税申报期截止之日内收汇;电子商务出口企业属于外贸企业的,购进出口货物取得相应的增值税专用发票、消费税专用缴款书(分割单)或海关进口增值税、消费税专用缴款书,且上述凭证有关内容与出口货物报关单(出口退税专用)有关内容相匹配。(2)电子商务出口企业出口货物,不符合本通知第一条规定条件,但同时符合下列条件的,适用增值税、消费税免税政策:电子商务出口企业已办理税务登记;出口货物取得海关签发的出口货物报关单;购进出口货物取得合法有效的进货凭证。

2014 年 5 月,国务院发布《关于支持外贸稳定增长的若干意见》,出台跨境电商贸易便利好措施,提出鼓励企业在海外设立批发展示中心、商品市场、专卖店、海外仓等各类国际营销网络。

(三)针对跨境电商支付问题的政策

国家外汇管理局于 2013 年 3 月制定和下发了《支付机构跨境电商外汇支付业务试点指导意见》(以下简称《指导意见》)、《支付机构跨境电商外汇支付业务试点管理要求》等多项文件,决定在上海、北京、重庆、浙江、深圳等地开展支付机构跨境电商外汇支付业务试点。明确了鼓励支持"支付机构通过银行为小额电子商务(货物贸易或服务贸易)交易双方提供跨境互联网支付所涉及的外汇资金集中收付及相关结售汇服务"。《指导意见》支持仅对具有真实交易背景的跨境电商交易提供跨境外汇支付服务。

2013 年 10 月,包括财付通、支付宝、汇付天下、重庆易极付公司在内的 17 家第三方支付公司已接获国家外管局正式批复,成为首批获得跨境电商外汇支付业务试点资格的企业。这标志着国内支付机构跨境电商外汇支付业务有了一个实质性的进展。

与此同时,外汇管理局规定,试点支付机构为客户集中办理收付汇和结售汇业务,货物贸易单笔交易金额不得超过等值 1 万美元,留学教育、航空机票和酒店项下单笔交易金额不得超过等值 5 万美元。

17 家获得资格的公司主要分布在 5 地,获得业务资格有所侧重,分别涉及跨境电商外汇支付业务、货物贸易、留学教育、航空机票及酒店住宿。为积极支持跨境电商发展,防范互联网渠道外汇支付风险,在试点发展良好的基础上,2015 年 1 月 20 日国家外汇管理局又发布《支付机构跨境外汇支付业务试点指导意见》的通知,在全国范围内开展部分支付机构跨境外汇支付业务试点,允许支付机构为跨境电商交易双方提供外汇资金收付及结售汇服务。

其主要内容有以下几个方面:一是提高单笔业务限额。网络购物单笔交易限额由等值 1 万美元提高至 5 万美元,放宽支付机构开立外汇备付金账户户数的限制。二是规范试点流程。支付机构要取得试点资格,应先行到注册地外汇局办理"贸易外汇收支企业名录"登记。三是严格风险管理。要求支付机构严格履行交易真实性审核职责,留存相关信息 5 年备查,并及时准确报送相关业务数据和信息。外汇局将对试点业务开展非现场核查和现场核查,进行审慎监管。

此举增加了民众的便利,打击了海外代购,为跨境电商结汇松绑。但是对于大多数跨境电商来说,结汇依然是一个大问题。监管部门对于支付平台跨境业务的发展方向是以跨境电商为突破口,让国内的支付机构"走出去",从而推动人民币结算的国际地位上升,因此在跨境电商业务方面,第三方支付将会有相当大的发展空间。保证了使用安全性,同时对国家而言保证了税收,便于数据监控放宽外汇管制。

(四)针对跨境电商的通关便利化问题的政策

海关总署在 2014 年 7 月 23 日出台《关于跨境电商进出境货物、物品有关监管事宜的公告》。要求电子商务企业或个人通过经海关认可并且与海关联网的电子商务交易平台实现跨境交易进出境货物、物品的,按照公告接受海关监管。该公告对企业注册登记及备案管理、电子商务进出境货物通关管理、电子商务进出境货物物流监控等方面作出了规定。主要条款有以下几个方面。

第一,开展电子商务业务的企业,如需向海关办理报关业务,应按照海关对报关单位注册登记管理的相关规定,在海关办理注册登记。电子商务企业应将电子商务进出境货物、物品信息提前向海关备案,货物、物品信息应包括海关认可的货物 10 位海关商品编码及物品 8 位税号。

第二,电子商务企业或其代理人应在运载电子商务进境货物的运输工具申报进境之日起 14 日内,电子商务出境货物运抵海关监管场所后、装货 24 小时前，按照已向海关发送的订单、支付、物流等信息，如实填制"货物清单"，逐票办理货物通关手续。"货物清单""物品清单""进出口货物报关单"应采取通关无纸化作业方式进行申报。

第三，电子商务企业或其代理人应于每月 10 日前（当月 10 日是法定节假日或者法定休息日的，顺延至其后的第一个工作日，第 12 月的清单汇总应于当月最后一个工作日前完成），将上月结关的"货物清单"依据清单表头同一经营单位、同一运输方式、同启运国/运抵国、同一进出境口岸，以及清单表体同一 10 位海关商品编码、同一申报计量单位、同一法定计量单位、同一币制规则进行归并，按照进、出境分别汇总形成"进出口货物报关单"向海关申报。

第四，电子商务企业在以"货物清单"方式办理申报手续时，应按照一般进出口货物有关规定办理征免税手续，并提交相关许可证件；在汇总形成"进出口货物报关单"向海关申报时，无须再次办理相关征免税手续及提交许可证件。

第五，海关监管场所经营人应通过已建立的电子仓储管理系统，对电子商务进出境货物、物品进行管理，并于每月 10 日前（当月 10 日是法定节假日或者法定休息日的，顺延至其后的第一个工作日）向海关传送上月进出海关监管场所的电子商务货物、物品总单和明细单等数据。

海关总署 2014 年 1 月 29 日出台《关于增列海关监管方式代码的公告》（海关总署公告〔2014〕12 号），增列海关监管方式代码"9610"，全称"跨境电商"，简称"电子商务"，适用于境内个人或电子商务企业通过电子商务交易平台实现交易，并采用"清单核放、汇总申报"模式办理通关手续的电子商务零售进出口商品（通过海关特殊监管区域或保税监管场所一线的电子商务零售进出口商品除外）。以"9610"海关监管方式开展电子商务零售进出口业务的电子商务企业、监管场所经营企业、支付企业和物流企业应当按照规定向海关备案，并通过电子商务通关服务平台实时向电子商务通关管理平台传送交易、支付、仓储和物流等数据。

海关总署在 2014 年 7 月 30 日又出台《关于增列海关监管方式代码的公告》(海关总署公告〔2014〕57 号),增列海关监管方式代码"1210",全称"保税跨境电商"简称"保税电商"。适用于境内个人或电子商务企业在经海关认可的电子商务平台实现跨境交易,并通过海关特殊监管区域或保税监管场所进出的电子商务零售进出境商品(海关特殊监管区域、保税监管场所与境内区外(场所外)之间通过电子商务平台交易的零售进出口商品不适用该监管方式)。"1210"监管方式用于进口时仅限经批准开展跨境电商进口试点的海关特殊监管区域和保税物流中心(B 型)。以"1210"海关监管方式开展跨境电商零售进出口业务的电子商务企业、海关特殊监管区域或保税监管场所内跨境电商经营企业、支付企业和物流企业应当按照规定向海关备案,并通过电子商务平台实时传送交易、支付、仓储和物流等数据。

2015 年 6 月 16 日,国务院办公厅出台了《关于促进跨境电子商务健康快速发展的指导意见》。进一步完善跨境电子商务进出境货物、物品管理模式,优化跨境电子商务海关进出口通关作业流程。研究跨境电子商务出口商品简化归类的可行性,完善跨境电子商务统计制度。该政策支持国内企业更好地利用电子商务开展对外贸易。鼓励企业间贸易尽快实现全程在线交易,不断扩大可交易商品范围。支持跨境电子商务零售出口企业加强与境外企业合作,通过规范的"海外仓"、体验店和配送网店等模式,融入境外零售体系。进一步完善跨境电子商务进出境货物、物品管理模式,优化跨境电子商务海关进出口通关作业流程。加强跨境电子商务质量安全监管,对跨境电子商务经营主体及商品实施备案管理制度,突出经营企业质量安全主体责任,开展商品质量安全风险监管。利用现有财政政策,对符合条件的跨境电子商务企业走出去重点项目给予必要的资金支持。为跨境电子商务提供适合的信用保险服务。向跨境电子商务外贸综合服务企业提供有效的融资、保险支持。

2017 年 8 月 1 日,质检总局发布《关于跨境电商零售进出口检验检疫信息化管理系统数据接入规范的公告》,政策对跨境电商零售进出口检验检疫信息化管理系统涉及的经营主体(企业)、第三方平台的相关事宜进行说明,要求跨境电商经营主体、第三方平台对于其向出入境检验检疫局所申报及传输的电子数据。该政策对促进跨境电子商务发展,提供便利通关服务奠定了良好的基础。有了数据的接入,更多的数据样本,就能对跨境电商大数据进行分析,有助于全面掌握行业发展概况,更好地对跨境电商健康发展作出指导。

(五)针对当前保税进口新模式的政策

2014 年 3 月,海关总署针对上海、杭州、宁波、郑州、广州、重庆 6 个地方的保税区试行保税进口模式的情形,出台了《海关总署关于跨境电商服务试点网购保税进口模式有关问题的通知》,对保税进口模式的商品范围、购买金额和数量、征税、企业管理等制定了相应的条文。

第一,关于购买金额和数量。试点网购商品以"个人自用、合理数量"为原则,参照海关总署公告 2010 年第 43 号《关于调整进出境个人邮递物品管理措施有关事宜》要求,每次限值为 1000 元人民币,超出规定限值的,应按照货物规定办理通关手续。但单次购买仅有一件商品且不可分割的,虽超出规定限值,但经海关审核确属个人自用的,可以参照个人物品规定办理通关手续。

第二,关于征税问题。以电子订单的实际销售价格作为完税价格,参照行邮税税率计征税款。应征进口税税额在人民币 50 元(含 50 元)以下的,海关予以免征。

(六)针对跨境电商零售进口税收的政策

2016 年 4 月 8 日起,我国实施跨境电商零售(企业对消费者,即 B2C)进口税收政策,这类商品将不再按邮递物品征收邮税,而是按货物征收关税和进口环节增值税、消费税。

2016 年 4 月 8 日以前,个人自用、合理数量的跨境电商零售进口商品在实际操作中按照邮递物品征收行邮税。行邮税的对象是非贸易属性的进境物品,将关税和进口环节增值税、消费税三税合并征收,税率普遍低于同类进口货物的综合税率。跨境电商零售进口商品虽然通过邮递渠道进境,但不同于传统非贸易性的文件票据、旅客分离行李亲友馈赠物品等,其交易具有贸易属性,全环节仅征收行邮税,总体税负水平低于国内销售的同类一般贸易进口货物和国产货物的税负,形成了不公平竞争。为此,政策将对跨境电商零售进口商品按照货物征收关税和进口环节增值税、消费税。

与此同时,考虑到大部分消费者的合理消费需求,政策将单次交易限值由行邮税政策中的 1000 元(港澳台地区为 800 元)提高至 2000 元,同时将设置个人年度交易限值为 2000 元。在限值以内进口的跨境电商零售进口商品,关税税率暂设为 0%,进口环节增值税、消费税取消免征税额,暂按法定应纳税额的 70% 征收。超过单次限值、累加后超过个人年度限值的单次交易,以及完税价格超过 2000 元限值的单个不可分割商品,将均按照一般贸易方式全额征税。为满足日常征管操作需要,有关部门将制定《跨境电商零售进口商品清单》并另行公布。

而考虑到现行的监管条件,暂时将能够提供交易、支付、物流等电子信息的跨境电商零售进口商品纳入政策实施范围。不属于跨境电商零售进口的个人物品以及无法提供有关电子信息的跨境电商零售进口商品,仍将按现行规定执行。

为优化税目结构,方便旅客和消费者申报、纳税,提高通关效率,我国将对行邮税政策进行同步调整,将 2016 年 4 月 8 日以前的四档税目(对应税率分别为 10%、20%、30%、50%)调整为三档,其中税目 1 主要为最惠国税率为零的商品,税目 3 主要为征收消费税的高档消费品,其他商品归入税目 2。调整后,为保持各税目商品的行邮税税率与同类进口货物综合税率的大体一致,税目 1、2、3 的税率将分别为 15%、30%、60%。

两项政策的实施,对于支持新兴业态与传统业态、国外商品与国内商品公平竞争,提高市场效率,促进共同发展有着重要作用。政策实施后,将为国内跨境电商的发展营造稳定、统一的税收政策环境,引导电子商务企业开展公平竞争,有利于鼓励商业模式创新,推动跨境电商健康发展,并将有利于提升消费者客户体验,保护消费者合法权益。

跨境电商企业对企业(B2B)进口,线下按一般贸易等方式完成货物进口,仍按照现行有关税收政策执行。

(七)针对外贸综合服务模式的政策

为了充分发挥外贸综合服务企业提供出口服务的优势,支持中小企业更加有效地开拓国际市场,税务总局还出台《关于外贸综合服务企业出口货物退(免)税有关问题的公告》(2014年第13号公告),规定了外贸综合服务退税的单独申报业务类型。公告规定的外贸综合服务企业为国内中小型生产企业出口提供物流、报关、信保、融资、收汇、退税等服务的外贸企业。公告规定,外贸综合服务企业以自营方式出口国内生产企业与境外单位或个人签约的出口货物,同时具备以下情形的,可由外贸综合服务企业按自营出口的规定申报退(免)税:出口货物为生产企业自产货物;生产企业已将出口货物销售给外贸综合服务企业;生产企业与境外单位或个人已经签订出口合同,并约定货物由外贸综合服务企业出口至境外单位或个人,货款由境外单位或个人支付给外贸综合服务企业;外贸综合服务企业以自营方式出口。

2014年7月23日,海关总署公告《关于跨境贸易电子商务进出境货物、物品有关监管事宜的公告》,明确规定了通过与海关联网的电子商务平台进行跨境交易的进出境货物、物品范围,以及数据传输、企业备案、申报方式、监管要求等事项。

2015年5月7日,国务院发布《关于大力发展电子商务加快培育经济新动力的意见》,基本原则可以概括为提升对外开12个字"积极推动、逐步规范、加强引导"。落实细则含6个方面具体细分为 26 点,包括营造宽松发展环境、促进就业创业、推动转型升级、完善物流基础设施、放水平、构筑安全保障防线、健全支撑体系等。国务院力挺电商发展,从电商企业发展角度看,此次发文规格极高,很具体;将与电商企业直接相关企业设立、税收、基础配套、市场需求和电商人才就业均囊括在内。在此规格极高又极具可操作性的政策支持下,跨境电商在经历前后 10 年的摸索式增长之后将迎来二次成长期。具体提及支持物流信息化、推广金融服务新工具(互联网支付、互联网金融)、提升对外开放水平(跨境电商)、推动传统商贸流通企业发展电子商务(大宗品电商及零售 O2O)、积极发展农村电子商务(农资电商)等。此次细则落地后,电商立法已渐行渐近值得期待。电商立法将进一步将电商发展置于阳光之下。

二、支付体系的完善

由于跨境电商涉及全球的国家与地区达到 200 多个,这些国家与地区的法律法规、文化、经济等存在差异,因此会导致这些国家与地区的消费者在首选支付方式上存在很大的不同。到底如何为国外消费者提供更加便捷有效的支付方式,成为跨境电商行业发展的一大难题。国内跨境电商企业要考虑跨境资金的安全问题,还要照顾到跨境用户的网购体验,这一系列的问题都给跨境支付体系带来了巨大的考验。

当前来看,全球流通范围最为广泛的在线支付工具是 PayPal,它在 190 多个国家内流通,在跨境网购领域拥有 90% 以上的买家与 85% 以上的卖家用户群,国内的跨境电商企业可以以 PayPal 作为支付平台,大力开展全球跨境电商业务。但是,由于 PayPal 存在提现周期时间比较长、手续费用比较昂贵等弊端,用户还要承受汇率波动可能带来的损失。因此,跨境电商企业有必要为消费者提供除了 PayPal 以外的更为多样化的支付工具,这不但能够提升消费者的购买体验,还能够降低跨境电商潜在的收款风险。

虽然跨境电商发展迅猛，但与之配套的跨境支付市场还显得一片萧条，由于其中存在巨额利润，所以许多第三方支付机构开始向跨境电商平台提供收款服务。比如，提出国际收汇解决方案的快钱支付能支持 VISA、American Express、JCB 等国际卡支付，贝付支付"易八通"有"跨境信用卡支付""跨境银行卡支付"两项服务可使用人民币进行结算从而有效地降低汇率风险。

三、全球新兴市场的拓展

当下，国内跨境出口零售商的业务已经遍及全球大部分国家和地区不仅在欧美战场上取得骄人成绩，在巴西、俄罗斯等新兴市场的成交量也非常可观。

根据 PayPal 发布的数据显示：2013 年，美国、英国、德国、澳大利亚、巴西这几个国家是世界排名前五的跨境电商市场，而其对中国商品的网购需求总额达到了惊人的 679 亿元，为五大市场整体跨境网购交易额的 16%。

由此可以看出，在电商快速发展的驱动下，新兴市场的网购群体增速迅猛，这种减少了中间流通环节所带来的价格优势更是吸引着新兴市场对中国商品的兴趣，以俄罗斯、巴西为代表的新兴市场已经发展成为中国跨境电商重要的出口国，这给国内的跨境电商带来了新的发展机遇并为其海外市场拓展计划指明了方向。

国内跨境电商在欧美市场已经逐渐饱和，这些新兴市场则有着更多的利润空间可以发掘，而且这种新兴市场的消费者通常把价格排在首位，没有欧美市场对服务和质量方面的严格要求，这就给一些资金不够充足的入门商家提供了生存环境。

第三章　跨境电商的多平台运营

当前跨境电商行业正呈现出越来越火热的趋势。最近几年，在我国的国际化进程中有重多重要事件发生：G20 峰会、eWTP 平台体系、"一带一路"峰会、首趟中英直达铁路货运列车抵达、国产飞机试飞成功。随着零售形态、跨境物流的升级，跨境电商正以不断刷新的姿态加速发展。典型的跨境电商卖家是以带卖通为入门平台，完善宽叶销与供应链后，再选择入驻亚马逊、Wish、Lazada、eBay 等平台增加销售渠道。在这一过程中，不同的平台有不同的运营方式。

第一节　速卖通平台店铺运营

一、速卖通平台的基本情况

(一)产品提供

2010 年 4 月上线的全球速卖通平台，致力于为中国供应商和国际中小采购商提供便捷高效的在线交易服务平台。

对国际采购商来说，在全球速卖通平台上可以以较低价格方便快捷地采购到中国制造的全线产品，并获得安全、快捷（如同 B2C 交易方式）、优质的贸易服务；对中国供应商而言，可以直接通过全球速卖通平台售卖产品，从而开拓国际市场，获取更多效益。

（二）行业分布

全球速卖通涉猎的行业仅一级类目就达到 30 个，囊括了服装、家居饰品等各行各业。其中，服装、鞋包、电子、手机通信、珠宝手表电脑网络、家居、美容健康、汽车、灯具、摩托车配件等是此平台的优势所在。

（三）目标客户

全球速卖通平台的服务对象主要是买家和卖家两类人，不过平台只会向卖家收取费用。

1. 买家

速卖通平台上的买家包括线上和线下的零售商，前者是指 eBay、亚马逊等平台中的零售商；线下主要指实体店的中小零售商。

2. 卖家

全球速卖通平台上的卖家主要是阿里巴巴平台上的中国供应商会员包括外贸生产型企业、外贸公司、外贸 SOHO 一族三类。同时，这些卖家通常也是 eBay 等各类 C2C 平台上的卖家。在速卖通平台上，中小型外贸公司和外贸 SOHO 一族较多，而实力较强、本身就拥有稳定营销渠道的外贸生产型企业比例较小。

（四）相关服务

全球速卖通平台借助自身以及核心合作伙伴资源为买卖双方提供优质的贸易服务。

1. 核心合作伙伴

速卖通平台的核心合作伙伴主要是网上支付厂商和 Google 搜索引擎，如 PayPal 是线上交易支付的最重要工具，而速卖通平台对海外买家的拓展也主要是通过 Google 搜索引擎进行的。需要指出的是,在全球速卖通平台的整体商业流程中,平台本身并不与 DHL、UPS、TNT、EMS 等物流企业发生直接的关系。

2. 资源配置

全球速卖通是面向全球市场、为买卖双方提供优质在线交易服务的平台,其平台构成主要包括技术研发部门、买家及卖家拓展部门、客服服务部门、后勤保障部门等。

3. 收入来源

全球速卖通平台的收入来源主要包括会员费和交易佣金两种。交易佣金就是速卖通平台会对每笔成功的交易收取 5% 的佣金。例如,买家向卖家支付了 100 美元的货品款项,卖家实际收到的金额将只有 95 美元,速卖通平台会收取 5 美元的交易佣金。

全球速卖通平台支持电汇、支付宝和其他跨国在线支付渠道。同时,阿里巴巴为了推广支付宝交易方式,还在优惠期内对使用支付宝交易的卖家只收取 3% 的佣金。

4. 成本结构

速卖通平台的成本包括运营成本和推广成本两类。前者包括工资、房租、电费、服务器及相关费用的支出;后者主要是支付给 Google 搜索引擎的关键字广告推广费用,这一费用具有很强的变动性,有时会远超运营成本。

(五)跨国快递

在此平台上,物流服务有三种类型:一是邮政大小包;二是平台合作物流;三是商业快递。其中,绝大多数的交易都是使用邮政大小包的物流服务。

第一类物流服务的主要特点就是费用便宜。比如,商品的重量是 500 克,那么只需 30～40 元就能够发到俄罗斯。但是,这类服务的缺点也非常明显，不仅时效相对较慢，还存在丢包现象。所以，卖家要使用此服务最好是提前与买家做好沟通。

第二类物流服务的特点不仅仅是经济实惠，而且性价比较高，更适合在线零售交易，是由此平台与浙江邮政及中国邮政联合推出的。

第三类物流服务的特点是既专业又高效，但是相对地价格也比较高，如果商品的价值较高或是买家的要求比较高则可以使用此类服务。

发货的方式也具有选择性，卖家可以根据物流服务的不同来选择不同的发货方式，既可以线上发货，也可以联系货代公司上门收件。

二、速卖通平台规则

无论是做什么事情，都需要遵循一定的规则，在全球速卖通平台上自然也有着自己的各种规则。

(一)注册规则

第一，要在此平台上注册的话，必须保证所使用的邮箱、用户名、店铺名中包含的信息是合法合理的，不能违反国家的法律法规、不能侵犯他人的权利、不能干扰平台的运营秩序等。

第二，目前，能够在此平台上注册卖家账户的只能是位于中国内地的用户，如果平台事先同意自然另当别论。卖家不能使用不实信息来注册海外消费者账户，一旦出现这种行为且被平台发现的话，平台有权对其消费者账户实行关闭，并对卖家做出相应的惩罚。

第三，对于那些在平台上或是 Trade Manager 上注册了账号的用户，如果没有通过身份认证或是超过一年没有登录的话，平台有权做出终止、收回的决定。

第四，如果有卖家违反了平台的规定，被平台关闭账户后不得再重新注册，一旦被发现有这种行为平台会立即关闭其账号。

第五，用户进行注册时必须使用本人的邮箱，平台有权对其邮箱进行验证。

第六，平台的账户ID是系统自动分配的，不能进行修改。

第七，如果卖家通过支付宝、身份证或是其他方式进行了认证，那么不管账户的状态是否开通，都不得以个人身份信息取消绑定。

第八，在此平台上，每个会员都只能有一个主账户用来出售商品。

第九，如果中国供应商在阿里巴巴平台上出现了严重违规而被关闭的话，此平台与之相关的服务或产品也会同时停止使用。

(二)经营规则

第一，卖家要在平台上发布出售商品必须满足以下条件：账户要与实名认证的支付宝账户或是其他认证方式进行个人身份的绑定；要提供姓名、地址、营业执照等真实有效的信息等。

第二，卖家满足以上条件便可发布商品，只有在数量上达到10个才能创建店铺，若是数量低于这个数字，平台有权将店铺关闭，但商品仍会保留。

(三)超时规定

第一，付款超时。如果消费者下单后超过20天没有付款，或是付款没有到账，此订单会予以超时关闭。

第二，取消订单。消费者在下单并成功付款之后、卖家发货之前的这段时间内可以申请取消订单。消费者选择取消订单之后，卖家可与之进行协商，协商结果有两种：一是卖家同意，则订单可以关闭，货款可全额退回；二是卖家不同意且已经发货，则订单继续。此外，还有一种情况，即卖家没有进行任何操作，那么等到发货超时之后订单同样可以关闭，消费者的货款也可全额退回。

第三,发货延长期。在消费者下订单并成功付款之后卖家没有按时发货,而其也没有取消订单的话,此订单会自动进入为期两天的发货延长期,在此期间若是消费者申请取消订单,则不需要经过卖家确认便可直接关闭订单。

第四,发货超时。消费者成功下单付款之后,卖家若不能在规定期限内发货,可以与之自行协商,达成一致后由消费者申请延长发货期限,卖家必须在协商的期限内完成发货;如果卖家在协商的期限内仍未进行发货,订单便会因发货超时而关闭,并全额退款,而此订单会被计入成交不卖。

第五,确认收货超时。卖家发货后,消费者必须在一定的时间内确认收货,物流不同,其服务有着不同的期限:UPS、TNT、Fedex、DHL 等商业快递的期限为 23 天以内,EMS、顺丰速运等快递专线的期限为 27 天以内,邮政航空包裹则是 39 天以内。在这个期间卖家应与消费者就收货情况进行及时沟通,如果消费者确实一直没有收到商品,那么卖家可以延长消费者的收货时间,若是消费者一直都不确认收货且不申请退款,则属于确认收货超时,订单被视为完成。

第六,申请退款。消费者若想申请退款,必须在以下时间范围内进行申请:卖家填写了发货通知后,从第 6 天起,UPS、TNT、Fedex、DHL 等商业快递截止到 23 天,EMS、顺丰速运等快递专线截止到 27 天,邮政航空包裹则截止到 39 天。

(四)物流规则

第一,平台目前支持的物流方式比较单一,只有航空物流一种,具体包括商业快递、快递专线、邮政航空包裹及日后平台指定的方式。

第二,卖家必须按照消费者选择的物流方式进行发货,如果需要更改必须与消费者进行协商并获得同意,未经同意不得更改。

第三,卖家提供的物流运单号必须真实有效,且保证能够查询。

第四,卖家的发货方式若是选择了航空小包,必须进行挂号。

第五,在过去的 30 天以内,若是有卖家使用的航空大小包物流服务,发生了两笔或两笔以上的"未收到商品"的纠纷,且纠纷率超过 50%,那么平台有权限制其对此物流服务的使用。

三、速卖通平台店铺选品策略

(一)运营策略

相对此前"大而全"的诉求,移动互联时代的用户更加青睐灵活敏捷、符合碎片化和快速变化的场景需求的"小而美"产品。"小"是简单、轻便,符合简便快捷的互联网消费诉求;"美"是专业、精细、高质,满足了人们对高优产品的体验诉求新常态下,"小而美"越来越成为商家获取和黏住用户的重要法宝,也是任何店铺或公司做大做强品牌的最佳路径。具体来看,"小而美"店铺的主流运营策略包括以下四点。

1. 价格牌

产品价格依然是买家关注的一个重要内容,因此以价格为切入点来吸引顾客是较为常用而有效的方式。速卖通卖家可以通过平价政策来吸引客户,如打造引流款、利润款产品。

2. 特色牌

选择具有特色的商品切入市场,深度挖掘和打造店铺特色,使有相关产品需求的客户首先能够想到自己的店铺,并通过特色商品深度激发顾客的购买欲望。

3. 专业牌

即通过优质的专业化服务赢得顾客的认同和青睐,与客户建立起信任关系,如卖家可以充分利用速卖通平台上的店铺页面来向客户展示其在相应领域的专业化水平。

4. 附加牌

即通过增加商品种类、店铺美化、附送赠品、优化服务等方式,让消费者感到产品或服务与其他店铺相比具有更高的价值,形成差异对比,从而使客户记住自己的店铺并愿意在店铺中持续购买。

(二)选品思路

1. 找到适合产品的市场

传统外贸厂家转型做跨境电商时多会采用这一思路。这些外贸厂商的产品本就是针对国际市场的,因此相对国内货源来说,他们的产品更加符合国外顾客的偏好;而且这些厂家在发展运营中也积累了一批长期合作的老客户。因此,相比其他类型的跨境电商,这些传统外贸工厂一般不用担心库存问题,可以直接将产品放到速卖通平台上。

同时,这些卖家还可以根据在速卖通平台上的相关交易数据,精准定位出单量最多的国家和客户群体,从而对最适合自己产品的市场进行长期深耕和维护;另外,这类卖家还可以借助自己的供应链优势,在速卖通平台上发展高定和批发。

2. 找到适合市场的产品

找到适合市场的产品也就是通过对目标市场和客户群体的具体情况进行分析,选出最适宜的产品。比如,俄罗斯轻工业不发达,服装消费在很大程度上依赖进口。若以俄罗斯为目标市场,则可以对不同年龄阶层人群的服装偏好进行分析,以此选出受到当地市场青睐的产品,从而使店铺产品的转化率得到提高。

选品就是围绕目标市场客户,根据他们的需要和喜好选择产品品类。就像饮食一样,不同地方的人总有不同偏好,卖家要做的就是根据目标客户的喜好选择售卖的产品。同时,为了更全面精准地了解目标市场的消费需求,卖家最好能利用当地的一些网站去获取更多的市场信息,如在该地区的热销款产品,或者被很多顾客收藏的产品品类,从而使自己的选品更加符合当地的市场需求。

3. 跟卖

简单地说,跟卖就是看市场上哪种品类最受欢迎,就在店铺中上架相同的产品,与其他卖家争夺流量。热卖产品的市场较大,因此跟卖对提升店铺流量会有一定助益,不过这是一种"取巧"的选品方式。

如果卖家想要做大做强品牌,还是应该根据热门品类的属性、目标市场客户的特质进行深度选品分析,以借助差异化策略规避热门品类激烈的竞争,打造自身店铺的特色产品和品牌,有效吸引客户的注意力。

(三)实战策略

首先是选品前提,包括自己的兴趣、重量和体积、类目契合度,以及是否侵权等方面。其次是选品方法,包括线上与线下两种路径,线上选品分为站内选品和站外选品,线下选品则包括专业批发市场和合作意向工厂两类。

1. 线上选品之站外选品

watchout 和 watcheditem 是两个常用的站外选品工具。watchout 可以获取某个站点下关键词所对应的产品的销量、标题、售价及类似款等信息,从而帮助卖家更好地进行选品;watcheditem 通过展示某个站点下关键词对应的产品款式帮助卖家选品。同时,这两个站外选品工具还有助于刚刚成立店铺的卖家更好地学习产品标题的草拟方法。

2. 线上选品之站内选品

这一方法的优点是卖家容易发现爆款、引流款、平台活动款等对目标客户具有较强吸引力的产品品类,从而使店铺在初期运营时能有效获取流量;其缺点是加剧了平台中产品的同质化现象,使小卖家店铺的成长空间被大卖家严重挤压,从而影响了店铺的整体效益,弱化了店铺的定位效应。

3. 线下选品之合作意向工厂选品

与专业批发市场选品相比,合作意向工厂选品更具有针对性,能够根据店铺的定位预定商品。但与专业批发市场选品一样,这种选品方式也对资金有比较高的要求。

4. 线下选品之专业批发市场

专业批发市场选品与常规的店铺选品具有一些共性,也是结合店铺的定位和市场的货源进行选品。不过对跨境电商商家而言,这种选品方式对资金的要求比较高,而且难以自由控制库存。

(四)货源把控

卖家要想打造出"小而美"的店铺,还需要对货源拥有较强的把控能力。通常可以从以下五个方面入手。

1. 与实体店合作

这种方式使卖家不用承担库存压力,降低了风险;缺点是抬升了人力成本,有物流支出,库存不可控。

2. 面向订单生产

这种方式有利于卖家把控产品质量以及生产、交货的周期,便于退换货,能有效降低生产成本;缺点是将占用卖家的大量资金,订单批量要求较大。

3.大型批发市场批发

这一方式的优点是能为卖家提供丰富的产品品类,且货源相对稳定;不足之处是比较费时费力,对流动资金的需求量很大。

4.网上代销加盟

这种方式比较省时省力,产品品种丰富,还可以一件代发货;不足之处是卖家无法把控产品质量,也不易开展售后相关事宜。

5.网上批发

这种渠道能为卖家提供丰富多元的产品品种,进货方便快捷;不过对订量有一定要求,物流成本也较高。

四、店铺推广技巧

(一)发布的产品要足够多

在网店发展开始,商家要通过上架更多的产品来提升曝光率。电商平台发布的研究数据表明,产品数量达到 200 多个的网店是数量不足 200 的网店曝光率的 1~3 倍,产品品类较为丰富的网店更容易达成交易。

此外,卖家在上架产品时要尽量避免一次性将新品全部上传,可以将其按照一定的产品组合分批次上传,从而保证网店内拥有足够多的新品。

(二)参与平台产品推荐活动

速卖通官方也会定期为入驻商家提供各种各样的产品推荐活动,从而让商家对自己的产品进行有效推广。据官方发布的数据显示,经常参与各种平台产品推荐活动的商家要比普通商家多出 30%～200%的曝光率,产品销量明显更高。

(三)橱窗推荐位的使用

合理的使用平台提供的橱窗推荐位是线上卖家有效提升产品曝光率的有效手段。橱窗推荐位的数量和卖家的信用积分及销量存在密切的关联展示在橱窗推荐位中的产品应该是卖家的代表性产品。当消费者发现了让他们感兴趣的产品时,他们才会进入你的店铺去浏览。为了吸引消费者的关注,推荐位中的标题要设计得清晰而简洁,合理选用关键词,并通过精美的图片来突出。

(四)巧用图片银行管理商品图片

图片银行是速卖通官方为广大卖家提供的一种对产品图片进行集中管理的有效工具。卖家可以在图片银行中对图片进行集中上传、搜索、分组、编辑等。当卖家的产品图片随着时间的增长而不断积累时,图片银行的功能将得到更好的发挥。

(五)使用产品互链工具

产品互链工具是指在产品的信息展示页面中添加其他产品,从而让消费者在浏览该款产品时能够进入另一款产品的展示页面。通过产品互链工具,商家可以有效提升产品曝光率,从而最大限度地满足消费者的多元化及个性化需求。

(六)善用动态多图功能

优质而精美的图片所带来的强大冲击力是商家能够吸引消费者的关键所在。速卖通提供的动态多图功能可以让卖家为自己的每款产品上传 1～6 张图片,并进行动态展示,从而更加有效地吸引大量消费者的关注。

(七)精确的优化描述与标题

店铺中产品的介绍及标题的设计要做到简洁明了,尽量采用图文结合的形式,避免消费者的视觉疲劳。海外消费者更喜欢简洁、朴实、真诚的描述方式,这就要求卖家在进行产品描述时,要控制篇幅,通过关键词来展示产品的特征。

(八)利用产品邮件推送工具

产品邮件推送工具是速卖通平台为供需双方提供的进行有效沟通的渠道,当用户订阅了邮件推送功能后,每周都会收到平台发送的优质产品及高信誉卖家的相关信息。卖家通过使用邮件推送功能,可以推荐消费者来订阅自己的店铺及产品信息,在上架新品或者进行优惠促销活动时,能够及时收到通知。

第二节 亚马逊平台店铺运营

一、亚马逊全球开店项目基本介绍

亚马逊"全球开店"项目为国内电商经营者提供各方面支持,让他们能够顺利地开展跨境贸易。

在全球所有的电子商务企业中,亚马逊的规模位居首位,其网络交易平台覆盖的国家数量达到 9 个,包括中国、日本、美国、加拿大、英国、德国、法国、意大利与西班牙,该平台上的用户数量超过 2 亿。如今,亚马逊推出"全球开店"项目,该项目的实施,能够使国内的经营者将其用户群体范围扩展到平台所覆盖的各个国家,为国内经营者开展跨境贸易提供便利,最终实现世界格局的规划。

二、亚马逊全球开店项目的优势

亚马逊全球开店项目的优势主要体现在客户、市场和服务三个方面。

(一)客户数目庞大

亚马逊平台在全球拥有 3.04 亿优质客户,能为卖家提供坚实的用户基础;亚马逊的十大站点基本覆盖了全球各个市场区域,有利于卖家全面布局全球业务,并根据各个国家的差异性文化和季节性消费行为寻求新的销售机遇;借助亚马逊的物流配送渠道,卖家有机会把拥有强大消费能力的亚马逊 Prime 会员转化成自己的客户。

(二)市场机遇多

卖家的商品将出现在亚马逊点击率和成交量高的全球电子商务网站中,从而触发更多的交易行为,并迅速提升知名度;亚马逊不断创新优化的工具和配套服务生态链,能够帮助卖家更好地适应全球市场,成为顶尖卖家;亚马逊成熟完善的物流配送系统,能帮助卖家高效便捷地将商品送到客户手中,优化客户的物流服务体验。

(三)卖家支持服务丰富多样

亚马逊积累了丰富的全球市场业务经验,拥有内容全面的培训素材,能够为卖家提供有关海外业务拓展的全方位知识;第三方服务商网络能够为卖家的跨境电商交易提供专业性的意见与服务;亚马逊还能够为卖家提供实时技术支持、营销工具咨询以及丰富的卖家支持服务。

三、亚马逊全球开店要求

(一)银行账号

经营者应具备英国、美国、法国、德国或者奥地利这几个国家中其中一国的银行账号,若不符合这个条件,要通过平台咨询来解决。

(二)语言掌握

在该平台从事跨境贸易的经营者,需要掌握产品售往国家的语言,能够与用户进行沟通,并处理财务问题。另外,在平台上展示产品内容时,要使用该国的语言。

(三)发货

在发货时,要充分了解运输公司的信誉度再与其合作,避免在这个环节出现问题影响消费者的整体体验。亚马逊物流在发货速度与产品保存上都值得信赖。

(四)出口规定

产品在从中国到海外国家的流通过程中,无论是与亚马逊物流还是其他物流公司合作,都不能以亚马逊为货物进口方接受海关检查。

(五)退货规定

为消费者提供其所在国家的具体服务地址,方便对方退货,若经营者在售往国没有服务站点,就要承担退货费用。

四、亚马逊平台店铺排名规则指标

(一)关键词设置

一是使商品名称具体化。

二是标出产品所属品牌、主要材料、大小、颜色及具体数量。

三是在"搜索词"一栏中添加关键词,用符号将单词隔开。

四是不能设置无关联的品牌名称或关键词来提升店铺的排名。

五是注意在拼写英语单词时不要出现错误。

六是设置产品名称时,要注意描述性词语的排序。例如,在描述玫红色帆布包时,应先标注颜色,再标注材料,最后是商品属性。

七是如果使用缩写词语,要注意其普遍性,防止用户看不懂。

八是在经营过程中逐渐调整完善关键词的设置。

(二)亚马逊排名指标

一是销售规模。销售规模大的店家排在前面,且与平台的销售扣点挂钩。

二是评价统计情况。该平台十分关注消费者的反馈,同时平台也会对产品做出评价。

三是绩效。消费者的意见、退款情况等都属于绩效范畴。

四是类目相关性。与卖家产品在所有类目中的排序挂钩。平台上的各个产品类目都涵盖多种属性,卖家在填写时,一定要做到具体详细,将自己产品的尺寸、颜色、材料、所属品牌及其他特征都描述清楚;之前,该平台允许卖家选择两个分类节点,如今卖家只能选择一个节点。因此,要慎重设置节点,方便查询。

五是搜索相关性。将关键词包含在标题中或单独设置。

六是搜索关键词。卖家应该注重搜索关键词的填写,准确描述商品的特征及属性,以此来提高产品的排名。

(三)亚马逊评价体系

一是用户反馈。消费者在收到商品之后给经营者做出的反馈,这个反馈体系与后台绩效评价体系中的用户反馈相对应,消费者可以根据对产品的满意程度对经营者进行评价,也可以进行打分,如果消费者的评论数量不少、评分很高,该卖家的店铺排名就可能比较靠前。

二是商品评论。用户在选择商品时,可以在商品详情中参考该评论,亚马逊平台会对此进行调查统计,搜索排名也会受到评论情况的影响。但是,该平台的商品评价方式与其他平台有很大不同,平台也提供了相关规则供经营者参考。

五、亚马逊平台店铺选品策略

(一)跟卖 Listing

通常来看,大部分跟卖品类的产品具有鲜明的标准化特点,依照国内的采购方式来选品,比如家居产品、电子产品、运动类产品等。

亚马逊平台对此设置了严格的标准,发货方式以 FBA 为主。因而,在进行选品决策时,需要考虑跟卖品类的母品是否具有品牌属性,若不确认这一点,就有可能发生侵权问题。确认之后,要对该品类的采购成本进行深入研究,掌握物流方面的具体情况。

经营者应该将自己的产品价格控制在合理范围内,并在此基础上对影响产品销售的各种因素进行分析,这些因素包括题目设置、关键词填写、图片呈现、页面布局等,如果这些因素没有很大差别,那么最能体现竞争优势的方面就是不同卖家的运营成本,竞争力最强的店铺就在亚马逊平台特定品类中占据 Buy box 的位置。

(二)自建 Listing

自建 Listing 中的大部分商品在品牌方面已经具有一定的知名度,所以品牌本身就能够对消费者形成吸引。不过,卖家要自己进行标题的设置、页面的布局、图片处理等工作。在选品时,不仅要考虑账号绩效物流情况,还要关注其市场销售容量。

属于此类范畴的商品通常没有统一标准,主观性强,虽然市场比较小众化,但和其他商品比较来看,同类经营者之间的竞争不是十分激烈。

这一类产品面向特定的消费群体,符合非中国式采购思维的要求,从某种程度上来说,更容易在市场中生存下来。

(三)中小卖家的选品策略

对准备在亚马逊平台开店的商家或者正处在运营阶段的小商家而言,都要面临的一个问题是选品,因此可以从以下方面入手。

一是明确自己的主营产品线。经营者需要知道自己掌握的资源状况,并确立主营产品线,要专攻某个领域,切忌三心二意。

二是整合所有资源,集中力量打造爆款产品。若经营者能够使自己的产品在所属品类中位于平台排名的前 1000 名,就说明这家店发展得不错,若产品能在排名中位列百名榜,那就足以证明其店铺运营得相当顺利。

三是经营者都应该明确的一点是,可以在原有的基础上新增SKU,但需要注意淘汰冗余。在进行产品调整的过程中,要在第一时间将滞销品淘汰。不要为了贪图小利益而阻碍了发展大局,要将目光放得长远一些。

四是在产品品牌上,如果要在亚马逊开店,就不要忽视商标的问题,经营者注册商标是为了避免以后出现相关问题。

五是研究利润所得情况及各类产品在其中所占的比例。找出在总毛利中占到80%及以上的产品,将其发展成本店的爆款产品。

概括来说,在跨境电商领域,选品问题一直是商家关注的焦点,在选品之前,一定要掌握平台的运作规律。熟悉规律之后,可以参照其他平台的营销方式来经营自己的产品,在发展过程中进行深入研究与对比。

六、亚马逊店铺流量提升的方法策略

(一)搜索流量

四个因素与搜索流量有直接关系,包括商品出售规模、买家的点击量与好评量关键词的匹配度、物流的快慢。

在这四个因素中,对搜索流量的影响最显著的是关键词,关键词的匹配度高,搜索排名就能靠前。因此,经营者一定要在关键词上面下功夫,使商品的特点、性质及优惠内容更好地展现在消费者面前在这方面,可以对平台中搜索量比较大的关键词进行分析,也可以参照该品类中的热销产品来设置自己产品的关键词。

现代社会下,人们的生活节奏越来越快,用户在消费时,也会特意关注产品的物流速度。因此,经营者应该与信誉度高的物流公司合作,确保货物顺利运输。另外,要为用户提供周到的服务,保证产品质量,满足消费者需求。

(二)关联推荐流量

关联推荐,是指亚马逊平台在分析用户消费行为及习惯的基础上,向用户推荐一部分产品。在亚马逊平台中,如果能使自己的产品得到推荐,就能大幅度增加销售规模。经营者想要提高产品的关联推荐流量,最有效也是最关键的方法就是扩大选品规模。

(三)排行榜流量

亚马逊平台根据产品的不同属性,对其进行了各式各样的排名,比如根据产品销量推出的畅销榜,根据折扣程度推出的折扣榜,根据产价格推出的价格榜等,为了尽可能地增加自己的产品流量,就要使自家店铺的产品能够位列各个榜单。

如果某种产品普遍受到消费者的欢迎,就要采取措施让更多的消费者对产品进行反馈,从而提升产品的排列名次。经营者也可以在特定时间推出新产品,最好保证每天都能推出优惠产品,同时用搜索量高的词汇来描述自己的产品。

(四)活动推广流量

专题推广是亚马逊平台的主要推广方式,该活动可以分为两类:一类是由产品经理选择产品进行推广;另一类是经营者提报,参与平台的推广。因此,经营者要提高自己产品的绩效,让产品符合挑选要求,以此提升活动推广流量,在参与活动时,就要多为消费者提供优惠,增加产品的销量。

(五)左侧分类导航流量

大多数登录亚马逊平台的消费者会在搜索栏或者分类导航中查找需要的产品,这两种方式产生的流量要多于广告营销方式带来的流量,因此经营者需要准确填写商品的分类节点,方便消费者进行搜索。

七、亚马逊平台店铺评价管理

用户的好评对店铺经营者十分重要,刚入驻平台不久的经营者尤其要意识到这一点,虽然亚马逊对用户好评量没有严格的规定,但还是有部分卖家在经营初期因为好评量与其销售规模不相匹配,而使平台产生质疑。买家的好评数量足够多,说明该店铺的产品确实能够满足消费者的需求,也能够吸引更多的用户前来光顾。因此,经营者一定要鼓励买家给予好评。可以从以下方面入手来获得顾客好评。

(一)保证产品质量,增强顾客体验

很多顾客之所以给出差评,是因为他们对产品的质量感到不满意。因此,首先要做的就是确保自己的产品质量,在对产品进行描述时,定要实事求是。其次要用词准确,避免使用模糊性的词语,以防买家了解得不够清楚或期望值过高。

(二)通过卡片的形式鼓励顾客给出正面反馈

很多消费者在收到商品的同时会看到里面夹有卖家寄来的小卡片,提示他不要忘记给好评,虽然卡片制作不会消耗太大的

成本,但足以说明卖家的用心。

(三)通过邮件等方式了解用户的反馈意见

用户消费后,亚马逊平台会自动向其发送邮件,请用户对产品做出评价。比于系统发送的自动化邮件,经营者自己向用户发送的邮件效果会更好。尽量在顾客收到产品后就把邮件发送给他,因为这时顾客反馈的积极性比较高。也可以应用专业软件为顾客发送邮件不仅操作方便,也能节省时间。

(四)专业评论引导顾客的消费行为与决策

亚马逊平台有专业的营销团队,而且该平台认同经营者邀请专业评论者为自己的产品进行营销的做法。多数专业评论者都在网络平台上开设了博客,他们的意见会得到大批粉丝的拥护及支持。因此,他们给出的评论能够对粉丝起到引导作用。经营者可以采用这样的方式,吸引更多的用户来光顾,也能够进一步增加产品的销售规模。

第三节　Wish 平台运营

一、Wish 平台的基本情况

Wish 是一款移动端购物 APP,有 iOS、安卓、Web 三个版本。截至 2016 年底,注册用户超过 33 亿,日均活跃买家用户超过 700万,SKU 超过 8000 万,日均业务量达上百亿级别。Wish 的商品推送原理是根据用户的注册信息和网络浏览行为进行分析,有针对性地主动推送用户可能感兴趣的商品。

Wish 平台的买家端体验和其他跨境电商平台相比,具有自身的独特之处:

一是个性化定制：买家端首页有按钮可以设置偏好，平台根据个人设置提供个性化展示。

二是用户需求的碎片化：大部分买家不是因为特定的需要才到 Wish 平台寻找商品的，而是被兴趣引导才浏览商品的。

三是时间的不确定性：移动端用户随时随地都可能打开手机浏览感兴趣的商品信息。

四是移动端屏幕界面：移动端适合简洁、清晰的商品图片，文字排版应适应手机屏幕阅读，不适合放太复杂的商品介绍。

五是冲动的购买决策：移动端因为浏览时间和地点的限制，不方便比价，不方便长时间考虑，所以整个购买决策的过程相对短促。

二、Wish 平台的销售特点

（一）商品的推送原理

Wish 平台淡化店铺的概念，对商品本身的区别和用户体验的品质更加注重。在商品相同的情况下，以往服务记录良好的卖家会得到更多的商品推送机会。Wish 平台推送权重最大的要素是标签（Tag）。平台根据用户注册信息，加上用户后期的浏览、购买行为，系统会自动为用户打上标签，并且不间断地记录和更新用户标签，根据多维度的标签推算用户可能感兴趣的商品。这些信息记录、更新、计算的过程都是由系统自动完成的。

（二）类目和商品策略

Wish 平台排名前 5 位的类目分别是：Fashion、Gadgets、Hobbies、Beauty、Home。比较受买家青睐的类目具有的共有特点就是：产品种类丰富、更换频率高、容易产生话题。对于新卖家在选择类目时通常会考虑即将被拓展或有潜力的类目，可以避免激烈的竞争，为自己赢取更大的发展空间。

卖家在选择具体的商品时,需要注意选择差异化商品,因为Wish平台的后台数据算法会判断同一页面和同一个卖家,重复或相似度高的商品就会被判定为同款,只推荐其中一个商品,其他同质商品就不再被推荐了。在Wish平台上发布同质化的商品不会带来任何流量和曝光。

(三)平台的流量特点

Wish平台的98%用户来自移动端,客户主要来自欧美地区,北美占50%,欧洲占45%。大部分流量是从Facebook等SNS网站引流到Wish平台的,所以用户的互动性高,浏览习惯以兴趣为导向,Wish平台卖家可以使用SNS网站作为营销渠道,根据产品目标群体的兴趣,制造话题或策划活动来吸引用户关注和参与,从而达到引流的目的。

三、Wish平台的卖家规则

(一)商家资质要求

Wish平台上的商家可以是生产者、零售商、品牌所有者、手工艺者、艺术家等,只要能够生产、制造或拥有批发、零售权利的商家都有资格在Wish上销售商品。

(二)禁售商品

通常来看,在Wish平台上是不允许出售服务类商品的,除了定制的实物产品,比如定制一件礼服或者一幅绘画等。禁止出售无形的或需要通过电子形式发送的商品、实物或者电子购物卡、未经授权的商品、酒精、烟草类商品或者其他类似商品、毒品、吸毒用具、活体动物和非法动物制品、人类遗骸和身体部位(除头发和牙齿)、色情作品、淫秽材料、枪支、武器及以仇恨或贬低种族、民族、宗教、性别、性取向为目的的商品和相关内容的产品。

（三）客户服务

当用户在下单之后询问订单或者修改送货地址、退换货等情况，卖家应该给予及时回复，帮助用户尽快解决问题，如果仅靠商家的能力解决不了可以寻求平台的协助。

四、Wish 上传产品的注意事项

Wish 是一种手机 APP 购物平台，因此卖家在上传产品时不能按照之前在其他购物平台上的做法。而且，Wish 平台上采用的产品展示方法也区别于传统的产品展示形式，它是基于用户的基本信息和浏览记录等为用户贴上"标签"，并通过不断收集用户的信息来更正原有的信息，为用户创造多维度兴趣的标签，并在此基础上结合一定的算法为用户进行精准的产品推荐，提高产品交易的成功率。

因此，卖家在上传产品时一定要注意产品的标题、属性、价格、Tags 标签等问题，从而提高产品的曝光率。

第一，Wish 平台上，标题的搜索权重小，以往在速卖通等平台上通过关键词堆砌来获得搜索流量的方式已经不再适用，Wish 上的标题应该简洁明了，并且要与产品有一定的相关性。

第二，由于 Wish 是基于移动端的购物平台，因此图片的数量不宜过多，以 4～8 张最佳。图片质量要高，在 400 像素×400 像素以上，形状为方形。

第三，产品的价格不能过高，否则会影响转化率。

第四，Tags 标签搜索权重大，卖家应该引起足够的重视，Tags 有 10 个而且位置越靠前，权重越大，因此卖家应该将重要的产品信息写在最前面。由于 Tags 能够影响到产品信息推送之后的转化率，因此 Tags 需要精准说明产品，尽可能地使用一些流行词，从而增加推送权重。

第五，卖家要尽量每天都更新，因为如果一周不更新的话，Wish 平台上的账号就可能会被暂时关闭。产品更新可以批量进行。

五、Wish 平台流量提升技巧

在 Wish 平台上增加流量的唯一方法就是做好评描述，并且持续上传新产品。进行产品描述主要包括描述产品的标题、图片、Tags、产品介绍等，具体如下。

(一)标题

对于产品标题的描述要尽量做到简洁明了，让消费者在第一眼看到时就能大致了解产品。Wish 平台上标题的搜索权重比较低，因此卖家不必将精力过多放在标题上，只需简单明了即可。

(二)Tags

Tags 的搜索权重比较高，因此卖家要引起重视，需要全部写满。没有经验的卖家可以多学习一下其他做得比较好的商家，此外也可以参考手机端的建议或者应用比较广泛的 Tags。比如以裙子为例，其 Tags 命名方式为：一级分类、二级分类、产品、特征、风格、颜色等。

(三)图片

卖家上传图片的质量要在 600 像素×600 像素以上，大小适中，因为 Wish 是移动端，如果图片过大的话，图片加载的时间就会比较长。图片可以多放一些，能够更全面地展示商品。

(四)产品介绍

卖家在描述产品时要注意从买家的角度出发，假设你是买家，你会想了解这件产品哪些方面，然后对这些方面进行重点描述。产品的颜色、尺寸和大小等都要详细描述清楚，否则的话，卖家在收到商品后发现与描述不符，就很容易引起纠纷，比如差评、退货等。因此，为了避免出现这些情况，卖家在描述产品时要参照实物。

做好产品描述之后,卖家还需要不断进行新产品的上传,这样才能保证店铺的流量。此外,卖家在接收订单后的发货时间长短也是影响店铺流量的重要因素,因此卖家应该尽早发货,并随时跟踪物流,保证在最快的时间里将商品送达。如果卖家被系统或消费者取消订单也会影响到店铺流量,因此卖家也要引起注意,并及时进行处理。

第四节　Lazada 平台运营

一、Lazada 平台的基本情况

Lazada 是东南亚地区最具增长潜力的本土电商之一,通过东南亚市场能够更好地了解该平台。

(一)东南亚市场的主要情况

东南亚地区有 11 个国家共 5.6 亿人口,是一个增长潜力很大的市场。智能手机在东南亚正处于快速普及阶段,随着智能手机的普及网民数量不断攀升,电商市场便随之迅速发展起来。东南亚网购用户的使用习惯有两大明显趋势:一是移动端使用比例在增大;二是社交媒体对电商发展有重要影响,东南亚社交媒体的用户黏度很大,从社交媒体直接或间接带来的网购订单比例很高。

(二)Lazada 平台简介

2012 年 Lazada 平台成立,在创建初期以自营为主,一年后逐渐向第三方卖家开放,转型成为电商平台,2014 年 5 月在新加坡设立总部。2016 年阿里巴巴投资 Lazada,成为该平台的控股股东,Lazada平台快速发展为东南亚地区最大的零售电商平台之一,覆盖印度尼西亚、马来西亚、菲律宾、新加坡、泰国和越南,目前约有3000万种销售商品。Lazada在中国香港、韩国、英国和俄罗斯都设有办事处。Lazada平台的类目已涵盖:汽配产品、生活用品、运动户外、婴幼儿产品、手表/太阳镜/珠宝、电视音频视频游戏/配件、媒体/音乐/书籍、时尚、玩具游戏、电脑、相机、手机及平板、旅行箱包、健康美容、家居生活、家用电器16大类。

二、Lazada平台的优势

(一)不会随意罚款

国内的电商平台中通常使用罚款的形式来处理一些违规操作的入驻商家,但有时一些商家莫名其妙地就会被罚款,找平台理论却又迟迟得不到回复,最后只能不了了之。虽然Lazada也有罚款制度,但是该平台更多的是通过减少商品订单的方式惩罚这些违规操作的商家。另外,Lazada平台中还有暂停店铺、让商家接受培训等措施来规范入驻商家的行为。

(二)付款及时

Lazada平台会由系统及专业人员负责追踪订单在物流配送中的实时状态,当订单显示已经签收时,货款会在下周五直接打入你的Payoneer企业账户中。自Lazada与Payoneer宣布合作以后,平台会在每周五即时自动向入驻商家免费打款,而商家只需将Payoneer中的货款直接提现到自己的私人账号即可。

(三)不会随意接受买家退货

Lazada对于入驻商家有着较为完善的保障制度,只有在发生产品描述不符、少寄、寄错、损坏等情况下,平台才会接受消费者的退货、退款。另外,入驻商家得到的产品订单都是由平台经过严格检测后的订单,这些订单可直接发货。商家发货时,消费者已经向 Lazada 平台完成支付,可以有效降低商家面临的资金风险。

三、Lazada 平台的运营模式

Lazada 在拥有着 5.6 亿人口的东南亚市场中,用 3 年的时间将自己打造成为该地区最大的电商平台。在以阿里巴巴、亚马逊为代表的国际电商巨头尚未开始布局的局面下,Lazada 发挥自己的本土化优势,在东南亚这个机遇与挑战共存的巨大市场中,走出了一条属于自己的道路。

最初来看,Lazada 采用的是自营模式,主要以 3C 产品(计算机、通信、消费类电子产品)为主,在积累了一定的用户后,Lazada 平台开始扩充产品品类,向商家开放,转型为平台型企业。为了打造闭环生态,Lazada 还自建物流和支付体系,从而为企业未来的发展打下坚实的基础。

(一)相关数据

Lazada 的年经营额已经突破 10 亿美元大关,拥有 600 万名注册用户,以及 2 万多家入驻商家。2015 年以来,Lazada 交易额大幅度增长,仅 3 月份的交易额就达到 13 亿美元,同比增长 350%。可以说,Lazada 在东南亚建立起了巨大的领先优势。

(二)站在前人肩上看得更远

定位于全球市场,Lazada 的血液里流淌着跨境的基因,在不同的站点中都有 Lazada 平台专门负责运营管理的团队,他们具有一定的独立性,这是确保 Lazada 能够因地制宜、灵活管理的关键。此外,Lazada 平台不同的站点之间还存在着密切的联系,比如它们会由位于中国香港地区的跨境业务团队进行统一进货和招商。

Lazada 使用的是自营与开放平台结合的运营模式,供货商和平台入驻商家都可以在 Lad 平台上将自己的产品销往东南亚各国。Lazada 开放型平台运营方式使得企业可以借助众多商家的力量,从而增加平台产品的品类、拓展 SKU 丰富度等。

虽然相对于众多的国际电商巨头而言,Lazada 起步较晚,但是其具有巨大的后发优势。Lazada 可以充分地向这些国际电商巨头学习,借鉴它们的成功经验,从而使自己快速发展壮大。比如,通过向中国的电商学习,京东平台的物流与基础设施建设、天猫的 B2C 运营模式等都被 Lazada 借鉴并采用。

四、Lazada 平台店铺注册流程

在 Lazada 平台申请开店的门槛相对较低,2015 年 7 月,Lazada 与跨境支付公司 Payoneer 合作,即使没有外币对公账户的商家也可以申请在 Lazada 开设店铺,只需要申请人提供身份证及企业营业执照。想要在 Lazada 平台上开店的用户,可以在 Lazada 上注册。也可以通过联系 Lazada 招商经理索要申请登记表,在注册或登记过程中需要提供以下资料:

第一,入驻申请登记表。填写该表格时除了公司名称及申请人姓名需要中英文填写以外,其他项目均用英文填写,公司地址确保与营业执照上的地址保持一致,填写的邮箱不能是申请过 P 卡的邮箱,而且邮箱中不能出现 admin、sales、marketing 等字符。

第二,公司营业执照及身份证复印件。

第三,与注册的公司名称保持一致的 Payoneer 企业账户,该账户将作为商家的收款账户。

申请人需要先提交平台入驻申请登记表,待 Lazada 审核人员验证通过后,会收到一封含有网签协议的电子邮件。申请人接受该协议后,第二天会收到另一封邮件,申请人按照提示上传公司营业执照,使用个体营业执照不能在 Lazada 平台上开店。

五、Lazada 平台的订单管理与物流选择

2015 年 Lazada 正式向中国卖家开通了入驻通道，许多国内经营出口电商卖家开始大量涌入。但在具体的店铺运营过程中，许多新手卖家在订单管理及物流配送方面还有待提升，下面将对这两个方面进行详细分析，从而帮助国内卖家更好地管理及运营 Lazada 平台中的店铺。

(一)订单流程状态

第一，登陆卖家后台查看订单信息：点击"Orders"（订单）按钮，并选择其中的"Manage orders"（订单管理）选项。

第二，处理订单，消费者下单成功且 Lazada 平台成功收款后，卖家中心会产生订单，卖家点击"Pending"（待处理）按钮后即可对其进行处理。为了避免出现由于库存不足而导致的订单不得不被取消的情况，卖家需要对自己的库存进行实时更新。

第三，更新订单。当卖家中心收到用户订单后，必须在 48 小时内在"Pending"页面点击"Ready to Ship"选项来更新订单，如果出现库存不足或者没有及时发货就需要点击"Canceled"（取消）按钮。

第四，物流配送。如果卖家使用的是 Lazada 提供的物流服务 LGS 进行配送，当快递到达目标国家的物流中心时，Lazada 后台系统会自动对订单状态进行更新；如果使用第三方物流公司进行配送，当 Lazada 后台系统对订单确认有效后，将会将订单状态更新为"Shipped"（送货中）。此外，在"Shipped"（送货中）页面中有一个"Delivery failed"（发货失败）按钮，卖家尽量不要点击该按钮，否则即使包裹成功到达消费者手中 Lazada 也不会向卖家支付货款。

第五，当消费者成功收到包裹并且物流信息及时更新后，Lazada 会将订单状态更新为"Delivered"（妥投）状态。有时，卖家

中心的物流信息可能会出现延迟 2 天才会更新的情况,但 Lazada 系统只会在物流信息变为"Delivered"时,才会为卖家结算货款。

(二)重要海关规定

东南亚的国家多达 11 个,虽然目前 Lazada 的业务范围并未覆盖整个东南亚市场,但从其发展势头来看,这不过是个时间问题。这些东南亚市场中不同国家的海关规定存在的较大差异,是各大卖家不得不面对的一个行业痛点。此外,由于国家相对比较分散,卖家在填写订单时需要格外注意订单地址的填写格式:

第一,卖家向客户发送的产品必须符合目标国家的海关规定。

第二,为了避免出现货物被海关扣押的情况,卖家需要向海关如实申报包裹中的商品。

第三,填写申报价值时,要正确按照商品价值如实填写。如果出现销往相应国家的商品价值高于标准规定时(比如新加坡规定为 400 新加坡元、马来西亚为 500 马币、泰国为 1500 泰铢、印度尼西亚为 40 美元、菲律宾为 20 美元),卖家要遵守 DDP(税后交货)贸易规定。当然,上述价值标准会随着相应国家的调整而发生变动卖家需要随时留意 Lazada 平台发布的相关信息。

第四,及时了解各国关税的调整。

(三)物流选择

1. LGS(Lazada 自建物流)

卖家要使用 Lazada 提供的官方物流的话,就需要在卖家中心的订单配送方式中选择 LCS,然后点击"Create package & Next"创建包裹及下一步按钮,按照相关提示输入正确的发票号码等相关信息,为了便于事后查询,卖家还要注意保留这些信息。接着 Lazada 会自动生成运单号,卖家核对发货信息无误后,点击"Ready to Ship"按钮。

之后，卖家要在"Ready to Ship"的页面中点击"Print invoice for selected items"选项来打印发票以及"Print shipping labels for selected item"按钮来打印物流标签，将商品与发票放入包裹内，并在包裹中贴上物流标签后，即可正式进入配送环节。

需要注意的是，除了法定节假日以外，必须在收到客户订单后的 48 小时内将货物发送至 Lazada 深圳分拣中心。线下发货完成后，卖家要及时在线上更新订单信息（将订单更新为"Ready to Ship"）。

在订单创建后的 8 天时间内，Lazada 深圳分拣中心必须要收到卖家发出的货物，否则 Lazada 系统会直接取消订单，当包裹顺利到达目标国家的物流中心时，Lazada 系统将订单信息更新为"Shipped"（发货中）。如果订单被 Lazada 取消，无论卖家是否发货，都不会得到货款。

2.3PL（第三方物流）

在使用第三物流发货时，也要在 48 小时内发货。卖家首先在订单发货页面选择 3PL，并点击"Create package & Next"，输入第三方物流提供的运单号，然后点击"Save Tracking Code & Next"，填写正确的发票号码，核对相关信息无误后，将订单信息更新为"Ready to Ship"。而且对订单进行发货时，每次只能对一个订单进行操作，不支持将订单合并后发货。

卖家在"Ready to Ship"页面中要选择"Print invoice for selected-items"按钮来打印发票，并将发票与商品一起包装在包裹中，并在包裹上贴上第三方物流公司提供的快递面单，并通知物流公司前来取货，或者将货物送至物流公司。

同样，第三方物流配送模式的卖家也必须在用户下单后的非法定节假日的 48 小时内，将货物交接给物流公司，并在卖家中心填写正确的运单号，将订单信息更新为"Ready to Ship"。此外，卖家必须保证输入运单后的 3 天内，可以在物流查询机构追踪到物流信息，要不然就会被 Lazada 系统直接取消订单。

第五节　eBay 平台店铺运营

一、eBay 平台的基本情况

eBay 是面向全球的线上拍卖及购物网站,早在 1995 年就已经在美国加利福尼亚州创立,1997 年时正式更名为 eBay,如今是全球最大的在线购物网站、其平台上的商品多种多样,目前仅上架产品数量就已经超过 8 亿,位于世界各地的消费者可以通过 eBay 来挑选、购买自己喜欢以及需要的产品。换句话来说,无论消费者需要或是喜欢什么产品,eBay 平台都能提供。

对于整个 eBay 平台来说,全世界都是它的市场,而对于那些位于大中华地区的商家来说,其市场主要是国际上比较成熟的市场,比如美国、英国、澳大利亚、德国等。在这些较为成熟的市场上,消费者拥有一定的网购观念与购买力,且消费的习惯成熟、各个流程无论是物流服务还是其他配套设施也都趋于完善。相应地,消费者对产品与体验的要求也比较高,所以卖家在选择产品时不仅仅要考虑质量、口碑等产品本身的因素,还要提供相应的高标准服务。

此外,新兴市场也呈现出了迅猛的发展速度,进行网购的消费者也越来越多,市场潜力巨大,这是卖家面临的新机遇。同时,新的机遇也就意味着新的挑战,新兴市场与成熟市场有着极大的不同,无论是文化背景、法律法规还是市场规范、物流服务,如此一来,卖家就需要付出更多的时间与人力成本。

因此,卖家在进入市场之前,必须先对市场的各种状况做一个深入的了解与考察,然后选择自己熟悉的行业及产品来试水。

eBay 平台囊括的产品种类存在非常丰富,产品的品质更是涉及了各个档次，成本低的也好、附加值高的也好，均有涉猎。一般来说，产品的销量如何与市场趋势及消费者的需求有着莫大的关系，而能够引起消费者关注的产品必然是极具特性或是性价比较高的。

如今，海外仓已经在逐渐地普及，这样既可以降低跨境电商的贸易成本，又可以进一步提升物流服务品质与效率，还对物流的适配性起到了极大地拓展作用。这样一来，那些重量与体积较大的商品都能够像轻小件那样得到完善的配送服务。而国内的更有价值的大件、重件的产品就有了更方便的条件进行零售出口，为国内卖家出口的产品品类做了进一步的拓宽。

二、eBay 平台的账号注册流程

（一）注册 eBay 交易账户

eBay 虽然是全球电子商务平台的龙头老大，但是其门槛却比较低，只需花上几分钟注册一个账户用以交易，就已经算是踏入其大门了。只要开通一个账户，就可以在分布于世界各地的 38 个平台上通用。

1. 创建 eBay 交易账户

注册账户时需要要保证所填写的内容都是真实有效的，注册邮箱最好是使用国际通用的邮箱，比如 Hotmail、Gmail、163 等，这样才能保障邮件接收通畅，不会错过重要信息。

2. 通过信用卡完成身份验证

注册账户之后还需要进行身份验证以保障交易的安全系数，一般来说，平台建议使用信用卡验证这一方式。如果没有信用卡的话，也可以选择其他的验证方式，比如手机与借记卡相结合的方式。

3. 确认注册邮箱完成注册

等上述步骤结束之后，就需要对账户进行激活，此时只需去注册使用的邮箱中查收确认邮件并激活即可。

在此平台上的交易毕竟属于跨境交易，需要进行跨境收付款，所以还要注册绑定一个资金账户。

(二)注册 PayPal 资金账户

通常来说，只要在 eBay 上注册的账户都会选择注册 PayPal 资金账户不仅是因为其使用范围较广，且较受广大消费者的欢迎，还因为它能支持不同国家的不同币种进行结算。

1. 创建 PayPal 资金账户

在 eBay 上购物和销售，创建 PayPal 资金账户在注册账户时最好是选择"高级账户"注册使用的邮箱地址必须与 eBay 平台所使用的邮箱地址相同；注册的个人信息必须保证真实有效。

2. 通过信用卡完成 PayPal 账户认证

为了保障资金安全及账户合法，PayPal 也需要对身份进行认证，认证方式也同样推荐信用卡认证这一方式，认证方式为：PayPal 会从用户提供的信用卡中扣除 1.95 美元，两三天之后用户可登录信用卡网银查收交易代码，然后完成认证。如果没有信用卡的话，也可以选择借记卡认证。注册成功之后，要将资金账户与平台上的交易账户进行绑定，这样来，用户便可通过 PayPal来付款或收款。

(三)eBay 平台诚信与安全政策

卖家要想在平台上销售商品，就需要对平台诚信与安全的相关政策进行了解，比如信用评价、商品发布及销售的政策、平台对卖家表现与消费者的满意度等方面的要求。卖家在正式进行跨国交易之前,要确保已经对以下相关政策有所了解。

1. eBay 销售政策与要求

在 eBay 的发展历程中,它一直在努力地打造一个优质的网络环境,使买卖双方能够有良好的交易体验,为此平台建立了一个用户信用及准入体系。卖家必须要遵循平台的政策与规则,为消费者提供优质的售前、售后服务。如果用户不能保证遵守平台的相关政策要求,那么就可以考虑另觅平台。

2. eBay 信用评价体系

信用评价由三个方面组成:一是信用评价;二是卖家服务评级;三是交易纠纷。这些指标其实就代表了卖家的信誉,以及消费者对卖家的满意度。在业务发展的过程中,卖家信誉的作用可谓至关重要。

3. 买家满意度对卖家业务的影响

平台上卖家的表现是通过消费者的交易体验来衡量的。如果消费者没有得到良好的消费体验,就会给卖家差评、中评,或者是评价时留的 DSR 评级只有 1～2 分,再或者发起交易纠纷,这些全都是不良买家体验。如果这种情况出现得多,那么卖家的表现就很难达到平台对卖家规定的最低标准。

三、eBay 平台选品的三个决定因素

对于入驻 eBay 的中国卖家来说,产品品类控制及主营产品的定位将会十分关键。卖家首先要做的是了解自己的目标市场,如了解 eBay 平台中各大品牌的产品销量,并搜集相关资料来分析市场及竞争对手,从而认识到自己的优劣势。为了确保产品描述的精确性及应对前来咨询的买家,商家最好选择销售自己熟悉的产品。

产品的质量及性价比对产品的销量有着重要的影响。在保证产品品质的同时,还必须严格遵守 eBay 规定,不能出售侵权商品。这就提醒卖家在选择商品时格外注意,以免自己的店铺遭受惩罚。此外,由于海外某些地区对来自中国的进口产品存在着一定的限制,卖家也需要在这方面予以足够的重视。

卖家要了解跨境物流服务解决方案,在了解不同物流方式特征的前提下,结合用户需求及物流成本选择更加有利的跨境物流方式。物流环节对电子商务而言十分关键,国内卖家要尽可能地降低物流周期及物流成本,争取为广大海外消费者带来优质的购物体验。

当然,要想提升自己的产品在海外市场中的销量,卖家需要对目标市场及用户群体进行调查,了解当地群体的消费需求及购物习惯,通过策划一些营销活动来尽可能地提升产品销量。

(一)市场

据 eBay 官方公布的数据显示,目前 eBay 大中华地区的跨境出口电商卖家交易额最高的几大产品品类主要包括:电子产品、时尚产品、汽车配件、家居产品等。

在电子产品中,智能手机、电脑的交易额处于明显领先优势;在时尚产品中,服饰、珠宝及手表产品最为火热;在家居产品中,安保系统及家具交易额较高;而灯具则是汽车配件品类中成交额最高的产品。当然,在更为细分的市场中,消费者青睐的产品品类及品牌等都存在着一定的差异,这需要卖家能够及时掌握这些不同市场中用户的消费需求。

(二)平台工具和数据分析

卖家在正式确定将要上线的产品以前,可以借助 eBay 网站来对目标市场进行一定的调查,从而对某种产品的销量、市场价格及热销品牌有所了解。当然,为了确保数据的准确性,卖家可以使用更为专业的数据分析软件,比如 Terapeak 等来了解目标市场的用户需求及竞争对手的情况。

eBay 官方会定期发布商品热卖周刊,从而让商家对各个市场中的热销产品有一个相对清晰的了解。这种官方提供的权威数据,对于卖家预测市场发展潮流及用户需求变化具有十分重要的意义。此外,eBay 官方还会举办各种线上及线下的卖家培训活动,从而使卖家提升产品销量并获取更高的收益。

(三)多品类经营及禁止销售品类

虽然,eBay 平台对商家扩展自己的产品品类采取积极扶持的态度,但为了避免承担过高的风险,卖家在上架新的产品品类时,还需要对自己销售的产品进行明确的定位并制定相应的营销策略。

除了遵守 eBay 平台的规定,禁止销售侵犯版权、商标权等类型的商品以外,还要注意销售的产品不能违反中国及目标市场国家的相关规定,否则一旦被监管部门查获,很可能会承担刑事责任。另外,卖家不但要保证产品质量,还要确保自己销售的产品拥有我国及目标市场国家线上及线下的销售许可,并且严格遵守与产品相关的行业标准。

四、eBay 平台账户的运营与管理

作为知名的全球线上拍卖和购物网站,eBay 平台上的新卖家,应该从销售、营销、图片处理、标题设置、物流、仓储等多个方面着手,做好账户的运营,提升店铺流量,实现效益获取。

(一)销售方面

在 eBay 平台,新入驻的卖家由于缺乏知名度,如果单纯发布一些 Buy it now(一口价)信息,并不容易获得订单,实现销量的提升。这时,可以采取 Auction(拍卖)和 Buy it now 相结合的销售策略。首先举行一些产品的拍卖活动,以增加店铺的知名度,吸

引平台流量。当店铺有足够的流量基础后,再发布 Buy it now 信息,这样就比较容易实现销量的增长。其次,在最初拍卖商品的选择上,卖家需要多费些工夫。最好选择那些既有价格和品质优势,在外观展示上又比较高档的产品,从而可以吸引到更多的流量。

(二)营销方面

人们在购买东西时,价格始终是看重的因素。同样,在 eBay 平台上,打折商品也总是能够吸引到更多的眼球和流量。因此,新卖家在账户营销中,要学会有效利用消费者的这种心理,通过对 Buy it now 的产品设置打折来吸引更多的关注,从而解决店铺初期发展的流量不足问题。

(三)图片处理

利用图片可以更直观地展示商品形象,而且相比文字信息,更能引起人们的浏览兴趣。因此,新卖家需要对展示的图片慎重考虑,最好选择那些具有冲击力、精美大气的图片,从一开始就为用户带来优质的购物体验,从而吸引更多的用户关注,培养自己的粉丝。

(四)标题设置

在 eBay 平台中,店铺产品的关键信息只能通过标题展示出来,而没有其他可以描述产品信息的设置。因此,需要卖家对产品标题进行合理设计。这就需要新卖家在设置标题时,尽量避免标题形式的千篇一律和单调乏味,应更具创新性和个性化,这样才能吸引更多用户的关注,提高曝光率。

(五)侵权问题

产品侵权既涉及法律政策问题,也被各个平台所深恶痛绝。eBay 对侵权产品的监管也十分严格。因此,卖家需要持高度谨慎和自觉的态度，杜绝销售侵权产品，以避免封号的危险。

(六)优选发货方式

eBay 平台对商家的物流选择有着相应的规定。如由中国发往美国的商品，若订单超过 5 美元，则需要使用 E 邮宝进行发货；反之，则可以使用平邮小包的物流方式。对于那些追踪单号比例较低的账户，eBay 平台还会做出一些限制。因此，新卖家在初期发展中，一定要严格执行平台的物流规则，及时快速地进行发货，避免因物流问题造成的麻烦。

(七)海外仓储

线上消费体验的重要一环就是物流体验。特别是在竞争日益激烈的互联网市场中，用户越来越期待更加人性化的优质服务。不过，当前跨境电商贸易中，国内小包发货的物流周期，远远无法满足用户的需求。因此，eBay 卖家可以对一些精选的品牌产品，通过海外仓进行发货，以优化用户的服务体验，维持用户对账号的忠诚度。

五、eBay 平台店铺商品管理

(一)商品的发布

外贸交易第一步就是发布商品，在确定发布之前，必须对商品进行真实确切的描述，将消费者对商品的期待进行合理的控制。如果消费者在购买之前能对商品有个全方位的了解，那么真正购买之后就不容易对到手的商品产生失望，也就更容易给予卖家认可。

1. 商品发布前的必读规则

在决定发布商品之前，必须要确定此商品不在平台禁止销售的产品之内,且不会违反我国及其他国家的法律法规。如果商品涉嫌任何国家或此平台禁售规则,那么决不允许发布销售。

2. 选择发布站点

eBay平台在世界各地都有站点,面向全球各地的消费者,无论选择哪一个站点,全球的消费者都能够看到。目前,较为活跃且交易量较大的站点是美国、英国及澳大利亚等,所以新手卖家可以将之作为试水的首选。

3. 开始发布物品

完成以上步骤后,只需单击页面右上角的"Sell"按钮即可发布商品。平台为新手卖家提供了视频教程,用以讲解如何在某一站点成功发布商品,且保证商品的曝光率及交易率都比较高。

(二)商品出售操作流程

商品发布之后就可以正式营业,卖家在等待消费者上门的同时,可以与潜在客户进行沟通,并为其提供更具专业性的服务,从而引起他们的兴趣,进而鼓励其进行消费。

1. 及时回复买家提问

如果消费者对卖家的商品感兴趣,通常会在决定下单之前与卖家进行初步的沟通,了解商品的具体情况、提出自己的疑问。卖家应深入研究一下回答问题的技巧及相关的操作方式,为消费者答疑解惑。

2. 重新发布未售出物

卖家发布的商品若是没有在其设定的时间里卖出的话,还能够进行重新发布,次数没有任何限制,卖家可以根据平台上的视频教程来对此进行了解。此外,还能从视频中了解到如何确定所售商品的收款状态,然后才能据此安排发货。

3. 发货并提供物品追踪

新手卖家可以学习视频教程来了解关于怎样包装跨境包裹,发货后怎样更改平台上的物流状态,并在平台上提供所发货物的物流追踪号,以及怎样通知消费者已发货。

4. 获得买家 5 星级好评

对于卖家而言,消费者在交易后能给予五星级好评无疑是最大的褒奖了。而要想得到消费者五星级的好评,就必须在商品的质量、沟通的过程、物流花费的时间、运费等方面给予其良好的体验。

当收到消费者好评时,卖家可以向其表示感谢;当收到中差评时,应在不引起消费者反感的情况下与之进行良好友善的沟通,消除误会请求其修改评价。

5. 解决买卖双方的纠纷

在交易的过程中,不可避免地买卖双方会产生纠纷,所以遇到纠纷时要冷静,积极回应并进行沟通解决。在解决的过程中,找出产生纠纷的原因并总结经验教训,避免以后再次出现类似的情况。平台提供的视频教程里分别从卖家和消费者两个方面介绍常见的纠纷类型,以及具体解决的流程。

6. 从 PayPal 账户里提现

关于提现,以国内卖家为例,可以先从 PayPal 账户中将里面的美元汇到卖家在国内的银行账户中,到账时间在 3～7 天,当然在转账之前必须要确定国内银行账户可以接收美元货币。到账后,卖家再通过银行将美元兑换成人民币即可。

7. 缴付 eBay 费用

在平台上开设店铺、出售商品需要缴纳一定的发布费与成交费的,平台会每月发送一次账单,卖家应及时缴纳。如果对怎样缴纳这部分费用不了解,可以通过视频教程学习。

(三)优化发布策略

对上述步骤有了一定的了解之后,就需要好好考虑怎样对发布策略进行优化了,只有将这点做好,商品的排名与销量才能得到提升,并最终在电商市场上立足。

优化发布策略必须保障商品能够顺利地进入搜索结果页面,而要做到这一点则需要保障标题的有效性及强关联性。越是趋向于消费者的搜索关键词,商品的曝光率就越大,这也就意味着销量会越高。可以从以下几个方面入手。

1. 提高商品的排名

平台有着自己默认的排序方式,进行排名时会考虑卖家的等级、商品价格、服务质量等,而且这些因素在不同的分类中还会有不同的体现。卖家想要将排名提前的话,就需要使自己的业务运作达到优秀,并且为消费者提供超值的产品与服务。

2. 在物品搜索结果页面吸引买家点击

如果在搜索页面的前面能够看到卖家的商品,那么消费者对其产生兴趣并点击的概率就会增加,而引人注目的预览图片及夺人眼球的副标题则会使这个概率翻倍。当然,还有一个不能忽视的因素就是价格。

3. 在物品详情页面促使买家出价购买

其实,能够直接决定消费者是否购买的因素是商品的详细情况,因此需要卖家在商品的详情页面上做足文章。

比如,在展示商品时要使用多角度的大图,介绍产品时要突出产品的亮点及增值点,具体的交易条款、退换货物的相关政策要做一个清晰的标注等,这些其实都能在不同程度上刺激消费者的购买欲望。总之对商品的展示与描述越真实准确、服务越优质，消费者就越容易发生消费行为。

六、eBay 平台店铺促销工具

为了创造出更大的收益，卖家可以把那些受消费者欢迎的、较为热门的产品做促销推广，以较为优惠的折扣来吸引更多的消费者，而平台也为卖家提供了比较方便的促销工具。

(一)eBay 促销工具简介

促销工具具备化繁为简作用，可以让卖家更为轻松地推出促销活动，既能够为卖家带来更多的订单，又能够让消费者享受更多的优惠与折扣，体验到真正的物美价廉。

(二)eBay 促销工具的优势

一是为卖家拓宽销售渠道，增加订单、扩大收入。

二是刺激消费者的消费欲望，锁住其关注的目光，鼓励其购买更多的商品。

三是更多的相关商品可以通过各种促销活动来增加曝光率。

四是可以对消费者的订单进行整合捆绑，这样便可以降低物流成本，提高利润空间。

(三)eBay 促销工具类型

这些促销管理工具是非常灵活的，不仅可以创建各种不同的优惠类型，还可以随着促销目标的不同实行不同的促销策略。

(1)卖家使用优惠券来吸引消费者的方式也是一种促销策略，可以称为优惠通道。消费者不能通过自然搜索的方式来获得这种形式的优惠券，而是要通过点击卖家提供的链接地址来获得。一般来说，卖家会将链接以电子邮件的方式发送到消费者的邮箱里，或者是直接将之发布在店铺及社交网站上。

（2）当卖家要为店铺、一个商品品类或是一组商品推出促销活动时，有一个便于操作的促销方式——扩大订单。消费者如果购买了多件商品，或是其购买商品的消费额度达到一定金额的时候，卖家可以提供一定的折扣或者额外赠送一些小礼品，以此来刺激消费者的购买欲望。

（3）推行降价活动是一种比较常见的促销策略，卖家将有降价优惠的商品显示到专门的打折页面中，并在购物主页中附上链接，以低价来冲击消费者的眼球，并吸引他们点击链接访问页面。此时，可以将消费者多次一起购买的商品或是补充商品进行整合排列，实行分组促销。

（4）卖家在推广促销商品时可以设置一些免运费的规则，即促销策略中的运费折扣。比如，卖家可以规定只要购买两件以上的商品就能够免运费，将符合条件的商品推广出来，获得更多的曝光率。

（5）还有一种促销策略是针对消费者经常购买的特定商品，名为捆绑销售。将要购买的主要商品及关联商品进行捆绑，消费者在购买主要商品时，可以按照一定的折扣优惠来购买相关的关联商品。

七、eBay 平台店铺销售技巧

（一）找准商机

一是需要确定自己要销售的产品品类。可以通过对商品近期销售状况的调查，确定消费者经常购买的商品，然后找出近期销售多的商品，初步确定产品品类。

二是利用 eBay 的高级搜索功能，快速确定目标商品，而商家可以在搜索商品时，将商品的搜索条件更加细化，进而可以快速找到与自己需求相匹配的商品。

三是商家如果想了解最近 eBay 上的热销商品或用户在 eBay

上经常使用的搜索词条，可以通过登录 eBay 情报站（eBay Pulse）随时掌握最新的商品搜索动态。

（二）注册成为 PayPal 会员

PayPal 作为美国 eBay 的全资子公司，具有即时支付、即时到账的快捷功能，而且注册完全免费。在完成注册成为 PayPal 会员后，只要有电子邮件地址和密码，利用 PayPal 余额或信用卡进行支付就能完成结账。

（三）设定合理的价位及列表格式

现在，eBay 有很多卖家都以商品拍卖的形式来刊登商品，并在自己可以接受的范围内，让起拍价尽可能的低，因为起拍价越低，就会吸引越多的买家关注。

eBay 最新的收费标准是，起拍价低于 1 美元的拍卖品即可免费在 eBay 上刊登。不过，商家也不要凭借这样的优惠把任何商品都刊登在 eBay 上，要在了解商品市场需求的基础上，再决定要刊登的商品，这样才能保证有买家会竞标该商品。此外，在 eBay 上搜索商品时，符合搜索条件的商品会按照一定的顺序排列出来，我们可以事先了解一下这其中的排列规律。

（四）起好商品标题

商品标题要起到吸引顾客眼球的作用，采用关键词和一些独特的描述性词汇使标题更加醒目，同时要对标题进行优化。比如，控制标题的长度、注意关键字的分布、使用关键字的次数及关键字的组合等。

（五）添加商品图片

图片给人一种更直观的视觉享受，商品的形状、样式、颜色、大小等通过图片一目了然。卖家在拍摄图片的时候，要注意从多角度拍摄同时兼顾背景、光线、清晰度等问题。

除了对商品的整体进行拍摄外,对商品的特色部位进行局部拍摄也很重要,局部拍摄让消费者更能清晰地看到商品的细节,从而更具有说服力。所以卖家上传的照片应不止一两张,当照片较多时,可以将这些照片打包后再上传。现在 eBay 的很多卖家都可以享受免费上传数张照片的优惠服务。

(六)恰当的商品描述

商品描述不仅需要能够全面、清晰地对商品进行概括,还要尽可能地简洁明了。对商品各部分进行介绍的板块标题要结构清晰、排列有序、抓住重点。此外,还要对商品的新旧对比、颜色和型号差异及退换货等进一步说明,这样不仅方便顾客对商品的查找,还让顾客对商品的状况了如指掌。

(七)及时反馈信息

顾客在购买商品时,通常会有不明白的问题要与卖家进行沟通,这时卖家要及时回复,不然顾客很有可能就会进入下一家店铺。同时,顾客通过与卖家之间的交流,也会提高对产品的信任。

(八)添加运费说明

为了让消费者在商品的运输方面更加清晰,要在商品介绍中添加运输费用及处理费用。eBay 平台为方便顾客对商品的运费收取情况更加明晰,专门免费提供了运费计算器。如果你在商品运输上是完全免费的,基于这种优惠服务,你的商品在搜索结果中就会排在前面,从而获得更大的销售机会。

(九)追踪商品售卖情况

卖家在"我的 eBay"页面上可以随时追踪自己售卖商品的状况,比如,该商品的月销售量、商品的库存量和出售量、商品的配送地址和潜在客户的信息等,这些信息都可以帮助卖家更好地把握现有资源,挖掘潜在客户,创造最大利益。

(十)进行家庭办公

如今,顾客可以足不出户直接在家中进行付款,还可以安排送货时间。美国邮政局不仅为顾客提供免费送货的服务,还可以高效率地完成工作。商品在卖出之后,顾客可以直接在"我的eBay"上用 PayPal 付款收取单据。

第四章　跨境电商的营销策略

随着网络技术的发展,跨境电商的营销策略和手段更为现代化,更为多元化,也更为便捷化,他们更加注重用户的需求,更加关注用户的体验。

第一节　邮件营销

一、邮件营销的基本内涵

(一)邮件营销的定义

邮件营销(EDM)是指通过电子邮件的方式向用户发送产品或服务信息及其他促销信息,已达到营销目的的活动。从发送的邮件是否得到用户许可来进行分类,可将邮件营销分为许可式邮件营销和未经许可的垃圾邮件营销。通常,我们将许可式邮件营销定义为真正意义上的邮件营销。

(二)许可式邮件营销与垃圾邮件营销两者的不同

许可式邮件营销是企业在推广产品或服务信息之前,事先征得顾客的许可,然后通过邮件的方式给客户发送产品或服务的相关信息。这种通过周期性的电子邮件给自己的目标客户发送有价值的信息和资源的方式,往往能够获取一批比较精准且容易产生购买行为的客户。要知道进入邮件数据库的用户都是主动填写表格,主动要求企业发送相关信息给他们的一类人群,这类用户在一来二去的邮件中更容易转化为忠诚的订阅者。这批精准的用户关注与转化则是邮件营销的最大价值。而垃圾邮件则会以一种持续的、顽固的、非法的形式,不经用户同意将内容发送至用户的电子邮箱。这种流氓式推送的信息对于用户来说就是垃圾信息,没有任何意义,不但不会产生任何转化,反而还会对用户造成一定的伤害。对于企业来说,这种垃圾邮件营销达不到任何营销的价值与意义。

(三)邮件营销的作用

1. 维护客户关系

对于企业现存的老客户来说,邮件可作为企业与客户之间定期沟通的桥梁。企业通过重大新闻、新品上市、促销打折和其他一些有持续力的邮件活动来达到塑造品牌形象、维系客户关系、提高客户忠诚度的目的。一方面,企业可以通过邮件的渠道与顾客建立一对一的稳固的联系,并将顾客的忠诚度转化为收益;另一方面,企业也可以通过邮件来提供售后服务,比如交易确认、进度报告、咨询疑问、相关建议等。通过这个渠道优化老客户的用户体验,从而增加用户黏度。要知道,留住一个老客户的成本远远比拓展一个新客户低得多,且购买的转化率也高得多。

2. 增加品牌曝光度

邮件营销是一种很直观的品牌曝光传播媒介,企业在发送邮件时,可以很自然地将品牌名称、Logo、产品、服务等产品信息植入邮件中,从而增加品牌的曝光度。经过测试,采用邮件营销后的企业相较于使用前,顾客品牌认知度得到了很大的提升。

3. 提高网站流量

邮件营销是一种很好的客户触达的方式,很多企业都会采用邮件营销的方式触达客户,投放网站的促销内容,从而提升网站的流量。一般需要辅以一些有趣的小测试和有诱惑力的文案、问题以引导用户点击。值得注意的是,我们要做的是引导用户进入网站,网站内会有更加全面的信息,鼓励用户更好地转化,而不是将网站的内容直接复制到邮件中,需要给用户以理由进入网站完成交互,而不是简单地曝光促销信息。

4. 方便测试和调研

把邮件当成市场研究工具可以说是最高效的一种方式。相对于其他的调查方式,只需要将最直接的调查问卷以邮件的形式发送给受访者,追踪客户反应,测试响应结果,就能完成整个测试过程。这种测试通常会对开展耗资巨大的商业营销活动起着巨大的预测作用。

在活动开展前,先创建一个受众、提议和创意的测试组合,通过对收到邮件受众的调查,来判断提议与创意对目标受众的吸引力,并让他们反馈相关的意见,从而达到降低活动风险的目的。

5. 获取新客户

获取新客户始于与新的潜在客户的对话,企业仅需要少量的客户信息(邮件地址)即可建立起与客户的联系。企业发送的令其感兴趣的内容,会刺激其成为新客户。以最常见的银行为例,储蓄卡用户办卡时留下自己的邮箱信息,使银行有了客户触达的入口,接下来给客户发送一些信用卡开卡送豪礼或使用信用卡消费美食五折等促销活动,刺激用户进入官网办理信用卡,从而成为信用卡的新用户。

6. 增加销量

在营销活动中,除了增加曝光外,最重要的企业需求是增加销售。如果邮件营销活动的目的是增加销售,那么请给客户一个强有力的理由,比如折扣、免费送货、买一送一等。在邮件中,执行活动的过程要清楚,并尽可能将用户的参与过程简单化,然后引导用户跳转至相应的网页上,从而产生购买。

二、邮件营销的客户细分及基本策略

(一)用户细分工具工作原理

邮件列表是互联网上获得特定客户群体邮件地址并快速、方便地发送大批量电子邮件的一种工具,主要用于各种群体之间的信息交流和信息发布。简单来讲,邮件列表就是用来细分目标用户的工具。邮件列表的使用简单便捷,不同于群发邮件,也不同于垃圾邮件,一切推送均基于在用户自愿的前提下提供商业营销信息。

1. 外部列表

和微信订阅号相似,专业的邮件列表服务商通常提供某类电子杂志、新闻邮件、商业信息,把邮件做成一个订阅号,吸引用户前来参与订阅。有了一定的订阅用户量之后,在邮件内容中就可以投放广告主的商业信息了。广告主可借助邮件列表服务商的用户资源开展宣传、促销等活动。为便于理解,我们把这种方式简单地类比为微信订阅号下的广点通广告。目前比较知名的邮件列表服务商都承接各类列表广告,如希网。

2. 内部列表

大多数企业都希望建立属于自己的内部列表,也就是建立一个属于自己的"订阅号"。内部列表主要以自建邮件列表和发送系统两种形式存在,从而控制订阅用户群体。相较于外部列表来说,内部列表的经营是一个长期的过程,相对稳定,但局限于自身资源,营销效果不会很明显。

(二)客户生命周期及基本策略

根据客户的生命周期,可以分为潜在客户、二次购买客户、VIP客户、非活跃客户四种类型。

1. 潜在客户

潜在客户是客户生命周期的伊始。通常将通过注册企业网站留下邮件地址的网站访客定义为潜在客户。当一个访客在企业网站上进行了注册,整个邮件营销的流程就正式开始了。在注册的过程中,需要用户填写的信息越简单,越有利于客户完成注册行为。潜在客户缺乏主动性,所以需要一定的策略来刺激他与企业的互动。

首先,当用户初次进入网站时,给用户一个良好的第一印象极为重要。当用户注册成功后,我们需要在第一时间发送包含个性化信息＋优惠券现金折扣活动的感谢信到客户邮箱,在用户印象最深刻的时候刺激其消费。

其次,5～7天后,根据客户反馈的行为做出相应的回复并进行人群细分。对于已经点开邮件并且使用优惠券进行消费的用户,可以发送感谢邮件并辅以交叉销售策略,包括新产品咨询,促进下一步消费,准备进入生命周期的下一环节;对于已经点开邮件但没有使用优惠券消费的用户,可以给他们发送一些免费的有时间限制的赠品;对于没有打开邮件的用户,可以划分为特定的分组,后期采取措施进行激活。

最后,10～14天后,对上次邮件中已经点开邮件但并没有消费的用户进行进一步细分。对于已经领取赠品的用户,可以发送感谢邮件并辅以交叉销售策略,包括新产品咨询,促进下一步消费,准备进入生命周期的下一环节;对于没有领取赠品的用户,可以划分为特定的分组,后期采取措施进行激活。

2. 二次购买客户

二次购买客户属于周期性购买客户,需要加大力度进行维护和营销,属于生命周期的第二阶段。这个阶段在整体策略上,要将促销及活动信息贯穿邮件始终,并进行周期性的维护和更新,增加邮件信息出现的频次。可以把二次购买客户视为会员客户进行策略的调整。

一是采用会员制期刊邮件,把营销重心放在以会员维护为主要邮件导向,包括分享行业类资讯,推送品牌建设、产品咨询、会员维护等内容。

二是加强与会员之间的互动,鼓励用户参与到企业的活动中来。可以举办一些会员日回馈活动,让会员参与到产品或服务的改进中来,增强会员的参与感,进一步了解客户。

三是注重挖掘客户深层次需求,全方位剖析客户行为,比如历史购买概率、网站搜索记录、其他行为偏好等,将邮件内容调整的更为精准。

四是在邮件中添加"分享"按钮,例如积分换购或分享有奖等方式,增强用户黏性并引导用户进行传播。

3. VIP 客户

VIP 客户是客户生命周期中的巅峰部分,也是对企业销量贡献最大的部分客户。根据二八定律,企业 80% 的收入都是由这 20% 的 VIP 客户转介绍而来,这是对客户成单率最有效的方式。对于 VIP 客户来说,需要更加注重营销过程中的温度。跟 VIP 客户成为朋友,以情感作为纽带来维系二者之间的关系,注重邮件的个性化,使每个 VIP 客户都有一种宾至如归的感觉。

第一,周期性推送邮件,给客户提出关于产品或服务的小贴士、小技巧等,让客户感到很贴心,使其保持对产品持续关注的热情。

第二,设置 VIP 会员专享,比如限量版产品优先推送给 VIP 客户或举办 VIP 线下体验活动等。

第三,每逢 VIP 客户生日、重大节日等重要时间节点,给 VIP 客户推送个性化的邮件祝福,并赠送一些小礼物,给 VIP 客户一些惊喜。

第四,举办本地化的 VIP 会员俱乐部,形成社区文化,增强客户黏性。

4. 非活跃用户

非活跃用户是客户生命周期的低谷期或衰退期,客户处于休眠期,不再打开邮件或不再购买产品。非活跃用户可以分三种类型:忽略邮件,但客户还在;打开邮件,却是休眠客户;邮件忽略很久,客户丢失。针对各类非活跃用户,需要做仔细区分,哪些是需要彻底放弃的客户,哪些是可以通过刺激挽回的客户。可以通过以下策略对用户进行激励与再刺激。

第一,鼓励用户。给予用户一定的激励,如购物折扣、VIP 特权、包邮、购物卡等。某品牌就实施过此类策略:当日确认继续接收邮件,下次购买可以享受 8 折优惠。

第二,强化价值。通过邮件努力给用户传递一种"这是你主动订阅的信息,而不是我强加给你的"信息,增强这种心理暗示,容易重新唤醒客户的热情与关注。

第三,培训产品。很多时候,用户参与度不够,说明他可能对你的品牌或产品服务都没有很好地理解,此时需要让用户有更多的参与感,从邮件中获取更多,教导用户愿意更多地了解你的产品。

第四,营造负罪感。当客户停止对邮件进行关注的时候,学会巧妙地利用情感战术让客户不忍离开。比如,Facebook 的策略是:当你要取消订阅关闭账户的时候,弹出一个确认页面"你确定真的要离开吗?"同时展现你曾经生活的痕迹和你朋友的照片,甚至包括他们会想念你的留言。

三、邮件编写策略

(一)邮件标题编写技巧

欧美国家的邮件使用率很高,大家都习惯于用邮件进行沟通,所以邮件营销是很好的营销渠道。但是,要想让你的邮件被关注和阅读,需要有很棒的邮件标题,一个好标题会让你的邮件在收件箱中脱颖而出。如何写出好的邮件标题,或者说打开率高的邮件标题,可以从以下七个方面着手:

(1)避免标题太长或太短,行文简洁明了容易阅读。

(2)标题包含数据的邮件通常打开率会较高。

(3)标题包含促销信息的邮件打开率会较高。

(4)尝试在标题中使用个性化信息,比如个性化称呼。

(5)把重要的词放在标题前面,因为标题在收件箱里显示的内容有限可能后半部分无法显示。

(6)不要包含敏感词或违禁词,否则会被邮件服务商屏蔽。

(7)不要滥用标点符号,它们会帮倒忙。

(二)邮件内容编写技巧

1. 主题鲜明

一封邮件最好只包含一个主题,围绕这个主题可以从多方面展开详细叙述。每一个主题都应该是从企业而来的,每个企业都有某种价值可以分享给别人,这种价值可能是企业在领域内多年的研究成果,或是对行业前沿的洞见等。虽然企业要了解用户需求,但是企业所提供的内容并不是用来迎合用户的,迎合用户的内容不会被保留下来。

2. 内容和邮件标题相关

当用户看到邮件标题满怀兴趣打开邮件时,会希望在邮件最上部看到和标题内容紧密相关的信息。

3. 完善排版格式

适合阅读的排版让用户能轻松读、乐意读,为了实现良好的阅读体验可以在排版上这么做:第一,段落清晰。第二,使用小标题,并且让小标题加粗。第三,善用图文结合排版。与阅读文字相比,人更愿意看图,研究表明人类大脑分析一张图片只需要 13毫秒,所以图片能传递的信息更加丰富。第四,遵循网页设计中的 F 定律。尼尔森的 F 型网页浏览模式指出,用户在浏览网页时视线路径是 F 型,视觉重心集中在左上角位置。

四、邮件打开率的提高策略

考核邮件营销效果有很重要的三个指标:到达率(也叫发送成功率)、打开率、点击率。影响到达率的因素通常有两个:一是邮件列表的质量。如果你的邮件列表都是经过用户许可的邮件地址,并且是近期收集的新鲜数据,到达率会较高。二是邮件营销服务商的实力。如果你选择的邮件营销服务商和各邮件平台都签署了友好合作协议,邮件平台不会屏蔽你的邮件营销服务商所发送过去的邮件。我们购买邮件服务商的服务,通常是按照发送量付费的,达到率高就意味着你所花的钱都物尽其用了。

打开率=打开邮件人数/收到邮件人数,打开率高就意味着营销邮件被客户看到并且产生了兴趣。客户只有打开邮件以后才会产生后续的咨询和购买行为,所以打开率直接影响你在计算营销成本时的单客成本。可以通过以下三种方面来提高邮件的打开率。

(一)定期对邮件进行数据清洗

虽然企业拿到了经过用户许可的邮件地址数据,但是随着时间的推移,这些数据背后会发生很多变化,比如邮箱被弃用了、用户随着年龄的增长兴趣和需求改变了等。如果在企业发送了若干次邮件后,某些邮箱从来没有被打开过,这些邮箱就是可以被清洗掉的。当然,这要根据不同企业和不同客户的情况来确定。虽然清洗邮件数据会删掉很多数据,但是这样可以使企业的营销费用更加有效,也让企业的每一次营销动作都能得到更积极的反馈。

(二)邮件标题要具有吸引力

有吸引力的标题可以有效地提高邮件打开率,那么在营销人员苦思冥想了几个标题之后,如何判断哪个标题是最有吸引力的呢?通常可以采用对比测试的方法筛选优秀的标题。

在正式大量发送邮件之前,可以先选出少量邮件地址进行测试,把这部分测试邮件地址分成两组,然后对这两组地址发送同样的邮件内容,但是使用不同的邮件标题。通常一天后两组测试地址会呈现出不同的打开率,选择打开率较高的标题进行正式地邮件营销。在测试时需要注意两点:一是用来测试的邮件地址数量不可太少,数量太少得到的数据是不准确的;二是两个测试组无论是在邮件内容还是在邮件地址性质方面都应该完全相同,避免因其他因素影响测试的真实性。

经常进行测试分组,久而久之营销人员就会明白哪些内容是可以提高打开率的,哪些内容是用户很容易忽略的。

(三)在最佳时间进行邮件推送

根据统计,23.6%的用户会在收到邮件 1 小时内打开邮件,之后打开量逐渐下降,几乎没有人会去打开前一天的邮件。也许你也留意到了,每天早上上班打开邮箱的时候,总是有几封新鲜的营销邮件已经躺在了你的邮箱里,那是因为上班前的一段时间邮件打开率是最高的,这个时间大家刚到公司,还没有进入工作状态,尚处于在网上看新闻的状态。通常情况下,周一至周四8点至16点所发送的营销邮件会有最高的打开率,在这个工作时间段大家通常对着电脑,收到邮件后可以很方便地打开阅读。弄清这个原理后,你要寻找一个对你的目标客户来说最佳的推送时间,提前一小时发送邮件,获得最高的邮件打开率。

第二节 SNS 营销

一、社交网络的形成和作用

(一)社交网络及其形成基础

社交网络即社交网络服务,源自英文"SNS"(Social Network Service)的翻译,中文直译为社交网络服务。社交网络含义包括硬件、软件、服务及应用,由于四字构成的词组更符合中国人的构词习惯,因此人们习惯上用社交网络来代指"SNS"。社交网络主要是根据人脉理论,通过朋友介绍来认识新的朋友,并且这个关系网可以无限地扩展下去。社交网络营销是一种非常时髦并且高效的营销方式。

(二)社交网络的作用

因为社交网络这个关系网是基于真实存在的人,因此和传统的广告渠道相比,社交网络可以找到更精准的客户,提高成交率,并且因为社交网络具有很强的互动性,可以使广告得到很快的反馈。社交网络营销可以帮企业推广品牌,让企业的潜在客户对品牌有一个很强的认知度。在某些情况下,即便不能够直接快速带来询盘,社交网络也可以跟其他营销渠道结合带来很好的推广效果。很多时候潜在客户会在社交平台反复看到企业的品牌甚至跟企业进行过互动,但是当时这个潜在客户并未有采购需求,当他某一天有采购需要的时候可能会直接在搜索引擎中搜索我们的品牌从而直接带来询盘甚至订单。在这整个过程当中虽然SEO是询盘来源的直接渠道,但是不能够否认SNS在推广品牌方面有着不可替代的作用。

二、跨境电商 SNS 营销的主要工具

随着互联网的发展，营销的导向也在发生变化，由以销售为导向转向为以关系为导向。消费者在这一转变当中的地位越来越重要，"用户至上"成为各大行业的销售理念。传统营销是通过电视、广告、报纸等媒体向消费者传播产品的信息，消费者只能被动地接受，而无法反馈自己的需求；而随着互联网的产生，商家与消费者之间的距离逐渐缩小，时间、空间的局限逐渐被打破，搜索引擎、邮件等营销方式的出现只是改变了消费者获取信息的渠道，却依然无法使消费者反馈自己的需求。如果企业进行线下推广活动，与消费者进行零距离的接触，成本的问题是首先要考虑的，同时它的传播范围也比较狭窄。在营销的新时代，企业可以利用的社交网站主要有以下几个。

（一）Facebook

Facebook 是全球排名领先的社交网站，2014 年数据表明，Facebook 每月的活跃用户数高达 13 亿人。同时，有 3000 万家的小公司在 Facebook 上注册账号，其中 15 万家公司将 Facebook 作为广告投放平台。Facebook 的发展也引起了众多电商从业者的关注，跨境电商大鳄兰亭集势、DX 等纷纷在 Facebook 上创建了自己的官方网页。

值得注意的是，如果跨境电商的目标市场是俄罗斯，那么应该选择 VK，VK 在俄罗斯及东欧的影响力相当于 Facebook 在欧美国家的影响力。

（二）Tumblr

Tumblr 成立于 2007 年，目前是全球最大的轻博客网站，有 2 亿多篇博文。轻博客是随着互联网的发展而产生的一种新的媒体形态，它既注重表达，也注重社交以及个性化设置。因此，跨境

电商在 Tumblr 上进行营销时需要特别注意其"内容的表达"。

例如,在营销产品时,可以将产品的信息隐含在作者在写的故事中,从而使消费者对产品的信息形成一定的印象,并且有趣味性的故事,消费者还愿意主动去传播,从而扩大产品的覆盖面积,提高品牌的知名度。

因此,跨境电商在通过 Tumblr 营销时,不妨从自己的产品中探索出些引人入胜的故事,实现品牌化效应。

(三)Twitter

Twitter 作为微博客的典型应用,是全球互联网访问量最大的网站,其用户通过 Twitter 可以发布不超过 140 个字符的"推文"。各大企业纷纷在 Twitter 上发布产品信息,进行营销,来吸引消费者的注意力激发他们的购物欲望。

例如,在 2008 年圣诞购物期间,Dell 在 Twitter 上发布产品打折的推文,获得了上百万美元的销售额;Zappos 的联合创始人谢家华通过在 Twitter 上与消费者互动,了解他们的需求,并相继做出免费退换货、转移仓库等决策,吸引了众多的消费者。

此外,跨境电商也可以通过名人的 Twitter 账号营销自己的产品,可以在第一时间评论名人的推文,或者多次评论,让消费者对企业的产品有印象,最终成为自己的客户。

2014 年 9 月,Twitter 又新增加了购物功能,为跨境电商的发展提供了便利。

(四)YouTube

YouTube 是全球最大的视频网站,用于用户分享影片及短片。与其他视频网站相比,YouTube 的影响范围更广泛。2012年,鸟叔的《江南 Style》在 YouTube 上被大范围传播,一时之间引起世界范围的关注。

考虑到 YouTube 有如此巨大的影响力和传播力,跨境电商可以在 YouTube 平台上营销产品。例如,在 YouTube 上开通一个频道,并上传些有吸引力的视频,以吸引用户关注。在视频中可植入产品广告或者让意见领袖评论影片,达到宣传的目的。

(五)Pinterest

Pinterest 是全球最热门的十大社交网站之一,也是最大的图片分享网站,共有 300 多亿张图片。Interest 可以称得上是图片版的 Twitter,用户在 Pinterest 上能保存自己感兴趣的图片,同时其他网友可以关注或者转发。Pinterest 平台更适合跨境电商的发展。

对于大多数消费者来说,在见到实物之前,都是通过网上的图片来了解产品的外观。因此,电商在 Pinterest 建立自己的主页,制作精美的图片,并上传到公司的主页上,以吸引消费者的注意力。

2014 年 9 月,Pinterest 推出广告业务。卖家可以在制作图片时加上产品的信息,消费者只要查看图片,就能够看到卖家的广告。所有用户的注册信息,都被 Pinterest 获取下来,并建立了相关的数据库,分析出消费者的喜好,从而帮助商家精准投放广告。此外,跨境电商也可以购买 Pinterest 的广告,进行品牌的宣传。与之相类似的网站还有 Snapchat、Instagram 以及 Flickr 等。

(六)Vine

Vine 是一款基于地理位置的 SNS 系统,和 Twitter 服务相似,2012 年被 Twitter 收购。用户可在 Vine 上发布 6 秒的短视频,并可配上文字说明,能够分享给世界各地的朋友。2014 年,社交媒体平台 8th Bridge 对 800 家电子商务零售商进行访问、调查,结果发现有 38％的商家会将 Vine 作为拓展市场份额的渠道。

对于跨境电商来说,通过 Vine 进行产品营销,既可以利用短视频全方位地展示产品的优良性能,又可以利用缩时拍摄,将同一类型的不同产品以连续播放照片的形式展示出来,以此提高企业品牌的知名度和影响力。

例如,卖领带的商家可以发布一个打领带的教学视频,将自己的领带品牌植入其中。类似的社交网站还有 YouTube 创始人郝利和陈士骏创办的 Mixbit,能够发布长达 16 秒的视频;Facebook 旗下的 Instagram 则能发布 15 秒的视频。

(七)其他

除了以上几大社交网站之外,论坛营销、博客营销、问答社区营销等也是常见的社交媒体营销方式。这三种营销方式比较适合专业化程度高的产品,如电子类、开源硬件等。

例如,DX 主要经营 3C 电子产品,它的门槛较高,不是任何人都可以经营,并且专业化程度也较高,那么就可以采取论坛营销的方式。此外,如果电商将毕业生或职场人士作为产品的目标对象,那么就应该选择全球最大的商务社交网站 Linkedin 作为营销的平台,也可以选择全球第二大社交平台 Google+。

三、跨境电商 SNS 营销的步骤和策略

(一)跨境电商 SNS 营销的步骤

1. 选择潜在客户聚集的社交平台

在互联网及其设备的飞速发展之下,社交网络层出不穷,花样繁多,要想提高对社交网络的利用效率,就针对社交网络不同的风格和用户特征进行选择。社交网络的选择需要考虑的因素主要有以下几个方面。

首先,要考虑的就是在社交媒体上的投入时间。尤其是在跨境电商运营的初级阶段需要客户量的积累,需要每天在社交媒体上投入至少 1 小时。

其次,要考虑资源是否适用的问题。社交平台上所值得挖掘的资源是多种多样的,比如新的技术、人员、对内容质量的侧重

等,所以要针对自身需要的资源进行筛选。

最后,要考虑用户的精准定位。不同类型的跨境电商的潜在客户分别是哪些,这些客户又分别聚集于哪些社交平台,这都是需要关注的。

2. 保证自己在社交平台上的信息完善

在社交媒体上的信息是电商的"门面",因此每个月都要对包括简介、头像、简历等信息进行查看,确保信息的完整以及更新的及时。信息的完整能够表现出一个品牌的认真态度和专业性,能够给访客留下良好的第一印象。

通常来说,信息包括视觉和文字两部分。视觉部分要尤其注意在不同平台上的一致性,以培养其在访客眼中的舒适度。举例来说,在 Twitter 和 Facebook 上的头像信息就最好保持一致。这些图像的制作需要选择格式恰当的图片,这一点可以借助 Canva 工具来进行模板生成。而对于文字部分则需要对简介和信息进行个性化处理,使得内容产生有别于他人的吸引力。做好社交媒体简介一般要遵循以下几个规则。

一是以生动的展示代替平板的说教,用一个简单的比喻来说明,你去把一份美食摆在顾客眼前,比你去形容它如何好吃要更有说服力。

二是重视关键词的明确和强调作用。

三是始终让语言处于新鲜的状态,跟得上时代,但又要避开被广泛使用的"高频词"。

四是关注潜在客户的兴趣,向他们展示你有的东西。

五是永远不要放弃自己的个性和品性。

六是注意自己页面的更新和维护以及信息的流动。

3. 为自己的营销路径定准调子

在做好社交网站选择及完善好应有的信息之后,似乎接下来就要开始进行社交网络分享了。但在分享之前,企业还应当找准自己的营销调子。为了做到这一点,就需要对客户以及各种营销细节进行充分的考虑可以从以下几点着手:一是确定自己品牌的性格;二是定位品牌与客户的关系;三是用形容词来说出非公司个性的部分;四是有哪些公司在哪些方面与你相似;五是你期望中客户对公司的看法。

通过对这些问题的回答你会收获一些与你公司经营策略有关的形容词,根据这些形容词就能定下营销的基调。用始终保持一致的基调来与客户对话,会有助于树立一个良好的企业形象。

4. 制定搭配有效的发帖策略

在正式进行发帖的过程中要考虑发帖数量、发帖时间、合适的发帖内容等。这些问题都要根据具体情况随时做出调整,最重要的影响因素就是客户和信息的受众群。

一是选择合适的内容。在社交媒介的传播内容中,相比较文字来说,图片往往能获得更多的关注量。在对 Twitter、Facebook 等信息内容进行浏览时,在一定的时间内图片信息可能会被迅速浏览一遍,而文字却做不到。据数据显示,在 Facebook 里图片信息获得的赞、评论以及点击分别比文字信息高出 53%、104% 和 84%。Twitter 中是如此,在 200 万条推文中,图片信息所占的比例远远高于文字所以在进行发帖内容选择时应当注意内容的合理分配,基本上应当注意以下营销策略:刚开始从五个最基本的形式着手:文字、图片、链接、引用和转发;确定一个最主要的类型,使得大多数发帖以该类型为主;内容形式按照 4∶1 的比例进行穿插式调节,也就是说以一种形式发布四条内容之后,就应当穿插进一条其他形式的内容。通过这些策略的施行会逐渐确定你自己的风格,也会让客户明白你能提供给他们什么信息。

二是选择恰当的频率。社交媒体的更新会不时出现一些数据因素,包括行业、资源、内容质量等,这些数据可能会与你的内容相适合,也可能相悖,所以发帖频率也要随时进行调整。社交平台也必定会有自己的发帖频率,也就是说一般发帖的频率在多少会获得最好的效果。当然,如果发帖内容受到欢迎的话就可以持续增加发帖量。一般来看,Facebook 最适合的发帖频率是每周 5~10 篇,Twitter 则是每日至少 5 篇,Linkedin 则是最好在工作日保持每天一篇。

三是选择最恰当的发帖时间。Sumall 对各大网站的发帖时间做了总结:

Twitter:工作日 13:00~15:00;

Facebook:工作日 13:00~16:00 以及 14:00~17:00;

Linkedin:7:00~8:30、17:00~18:00 周二至周四;

Instagram:工作日 17:00~18:00、周一下午 6 点和晚上 8 点;

Tumblr:工作日 19:00~22:00 和周五下午 4 点;

Interest:工作日 14:00~16:00、20:00~23:00 以及整个周末;

Google+:工作日 9:00~11:00。

5. 不断积累分析数据,反复进行检测

社交媒体分享能够构建起一个完整的信息交流圈,随着企业注入其中的信息量增多,能够收集到的信息反馈也会增多,对于适合的发帖内容、发帖时间和发帖频率等会逐渐有一个掌握。

大型社交媒体模块通常都会提供信息反馈数据,再加上利用第三方软件所得到的进一步完善,企业会得到关于发帖得到的点击、评论、转发等详细数据。做好信息反馈整理出来的数据,可以利用这些数据帮助更好地运营:

一是根据数据设定衡量标示。经过一段时间的积累得到关于点击、评论等数据之后,测算出一个平均数,这个数字就是你今后进行运营的一个标示。当然,数字应当随着发展而不断变化。

二是不断进行新的尝试。你并不能确定你一开始使用的工具就是最好的,因此运营过程中需要不断尝试新工具,比如图片的格式哪一个效果好,是放大得到的点击更多还是集中叠加效果

更好,都要在尝试中摸索出更适合的工具。

这种测试是使得发展更进一步的必要手段,把测试结果同之前设定的标示数据进行对比,如果测试结果起到积极作用,那么就可以投入实践,反之则需要继续进行新的测试。

6. 实现更新自动化,保持与社区成员的互动

社交媒体营销的最后一步就是建立一个能够自动更新并跟踪效果的系统,实现与社区成员的及时互动。

更新的内容要在最初时就设置一个自动的系统,能在后期自动持续发布。当然,并不是说设置了自动化就万事大吉,后续的互动工作还是需要操作来完成。

社交媒体的话题在不断更新,只有实时跟进才能准确把握其脉搏。其重要性在于从话题互动中挖掘新的潜在客户、了解客户需求和观点等,这是绝对不能忽视的重要环节。

(二)跨境电商 SNS 营销的策略

1. 创造企业的网络曝光量

微博、微信等流行的社交网络,拥有着海量的用户,且这些用户之间能够借助社会化媒体平台,实现信息的快速分享与传播。对于企业来说,微博等社会化媒体中庞大的用户流量,既是其进行营销推送的目标群体,又能借助这些社交用户的交互分享与快速传播,实现企业营销信息的"病毒式"扩散。

简单来讲,社会化媒体营销既为企业提供了庞大的目标群体,又能够实现基于粉丝关注分享的口碑传播和社群效应,从而大大增加了企业的知名度和影响力。

另外,社会化媒体平台的互动沟通更为即时、平等、便捷、直接。这使得企业能够借助社会化媒介平台,及时与消费者进行交互反馈,提供更为优质的产品或服务体验,从而建立起与客户的强关系,提高用户忠诚度。

2. 增加网站流量和注册用户

信息时代，企业把营销信息预置于官方网页或垂直门户网站中，然后借助关键词搜索，实现营销广告的推送。这种网络营销模式的精确度和有效转化率很低，而且硬性的信息推送，也极易引起用户的反感。

移动互联时代社会化媒体的普及，使企业摆脱了搜索门户的束缚，可以通过微博、微信等社会化的媒介传播平台，与用户实现更为人性化、个性化和多元化的即时互动沟通。借此，企业不仅可以将营销信息扩散到更大的范围，实现知名度的提高；还可以凭借精准的营销信息和服务，吸引到更多的社交用户，实现企业粉丝的积累。

3. 提升搜索排名

凭借关键词搜索实现信息扩散的广告模式，一方面在形式上处于"被动"状态（需要用户的主动搜索），不利于信息的主动推广；另一方面其内容更新频率很低，无法为用户提供需要的最新资讯，因而也就无法有效吸引到用户的眼球。

与此不同，社会化媒体由于具有很强的交互性，在内容更新与分享传播上，要频繁主动得多。因此，借助社会化媒体营销，企业不仅可以及时为用户提供最新的内容信息，从而吸引到更多的关注；而且还可以通过粉丝用户的口碑分享和社群传播，实现营销内容的主动搜索扩散，大大提高信息的搜索排名。

4. 吸引更多业务合作伙伴

社会化媒体庞大的用户流量，也吸引了越来越多的企业用户。借助社会化媒体平台，企业一方面可以为客户提供更加人性化的优质服务进行社会化媒体营销，从而获得更多的关注和忠诚度；另一方面，随着社会化媒体中企业用户的增加，不同企业之间也能够实现更加便捷有效的沟通，从而促进它们之间的合作共赢。而且,社化媒体的分享传播、公开透明等属性特质,使得合作企业之间可以通过多种渠道获得更为全面的信息,并进行相关的评估判断。这有利于增强企业之间的信任,降低合作成本。

5. 带来高质量的销售机会

企业进行市场营销的目标之一就是促进销售业绩的提升。而零售旅游、金融等诸多领域在 Facebook 社交平台中的成功,有力地证明了社会化媒体营销在购买转化方面的巨大作用。

例如,美国很多零售企业,不仅通过 Facebook 账户发布营销信息,而且借助社交平台的交互特征,积极引导用户参与相关的话题活动,获取更多的用户交互信息,从而更有针对性地对不同目标群体进行营销推送,创造更多高质量的销售机会。

6. 减少整体营销预算投入

社会化媒体营销的价值,还在于可以有效降低企业的营销成本,实现企业资源的优化配置和高效利用。一是社会化媒体中庞大的流量基础,为企业营销提供了海量的目标群体,使企业可以将社交用户转为自身的粉丝用户;二是社交媒体的分享传播特质,使企业可借助口碑传播和社群效应,实现更低成本的信息快速扩散。

7. 促进具体业务成交

社会化媒体营销与以往的营销模式相比其优势不仅在于更为广泛快速的信息推送传播,更在于能够实现商家与消费者的直接互动沟通,从而帮助企业挖掘发展更多的潜在客户。

一方面,企业可以借助社会化媒体的直接交流,获取更多的用户数据和即时反馈信息,从而针对消费者的需求痛点不断优化产品和服务提升客户的黏性。另一方面,借助与大量潜在用户持续不断的互动沟通,可以促进这些用户对企业产品或服务的关注,从而将潜在用户变为实际粉丝客户,促进业务成交。

第三节　品牌营销

一、品牌营销对跨境电商的重要作用

(一)品牌营销的含义

品牌营销简单地讲,就是把企业的产品特定形象通过某种手段深刻地映入消费者的心中。在品牌战略专家看来,品牌营销是指企业通过利用消费者对产品的需求,然后用产品的质量、文化及独特性的宣传来创造一个牌子在用户心中的价值认可,最终形成品牌效益的营销策略和过程。是通过市场营销运用各种营销策略使目标客户形成对企业品牌和产品、服务的认知—认识—认可的一个过程。品牌营销从高层次上来讲,是把企业的形象、知名度、良好的信誉等展示给消费者,从而在顾客和消费者的心目中形成对企业的产品或者服务品牌形象,这就是品牌营销。

(二)品牌营销对跨境电商的重要作用

1. 品牌营销带来的价格优势

跨境电商企业通过品牌建设与推广,可以利用自身的品牌效应提高商品的出售价格,提高企业盈利能力,增强发展的持续性。具体而言,可通过如下三种方式来实现。

一是通过电商平台的应用,跨境电商企业可以省去很多宣传活动所需的成本消耗,从而降低境外客户进货时的价格水平。

二是具有品牌效应的商品,在销售过程中,会因价值含量的增加而提价,通常情况下,该类产品比普通同类商品的价格水平要超出三至四成,部分商品的价格要超出四至五成,能够获取更大的利润空间。

三是电商平台在商品经营者与消费者之间搭建了桥梁,无须经过层层中间商,可以将中间环节的资金消耗节省下来,提高了跨境电商企业本身的营收额度,同时,使消费者以更低的价格买到企业的商品,形成流量积累。

而且,尤其值得关注的一点是,相比于没有自身独立品牌的企业或原始设备制造商,具备品牌效应的跨境电商能够获得更加长远的发展。

2. 品牌营销有利于跨境电商企业提高竞争力

第一,提高消费者的让渡价值,增强用户的依赖性。所谓"让渡价值",就是顾客在消费过程中,得到的全部价值高出其所有成本投入的部分。跨境电商通过自主品牌营销,能够节省部分成本,从而给予顾客更多的实际价值,增强顾客的认可度,使跨境电商企业提高竞争地位。

第二,通过电商平台经营某种特定商品的跨境电商企业不在少数,在丰富消费者选择的同时,也使其眼花缭乱,不知道该如何抉择。通常情况下,消费者对品牌产品的关注度及认可度要更高一些,企业便可以通过这种方式销售更多的商品,并在消费者群体中树立良好的形象,体现出品牌影响的竞争优势。

第三,采用自主品牌营销战略的跨境电商企业,能够将企业自身的文化内涵及价值理念融入产品销售中,同时为消费者提供高质量的服务,设定合理的商品价格,激发消费者对企业品牌的情感认同。

第四,自主品牌营销能够使企业在长期发展过程中逐渐积累自身的优势力量,推动企业转型升级,扩大其经营规模。利用电商平台的专业化运作,跨境电商企业借助自身的品牌效应,能够逐渐拓展其业务范围,进行产品种类的延伸,并在其他城市或地区开设品牌形象展示店,待企业发展到一定规模,拥有了足够的实力条件后,就能从第三方电商平台中独立出来,利用品牌营销方式开展企业自身的平台建设与运营。

3. 品牌营销促使出口企业经营方式转型

在传统模式下，出口企业的产品信息、货物运输以及其他相关环节主要限于经营主体与消费者之间，如今，这些必经流程更多地向其他方向扩散，越来越多的出口企业开始涉及跨境电商领域，通过网络平台与最终消费者交流互动，深入把握消费者的内在需求，并不断提高企业的服务质量，企业经营方式随之发生改变。

跨境电商企业采用品牌营销战略，不必再局限于传统模式下的代工生产，能够建立企业自身独立的品牌，在经营传统外贸业务的同时，利用自身品牌的影响力，发展跨境电商经营。

二、品牌的定位

品牌定位是品牌战略的核心。品牌定位战略就是旨在建立新秩序，确立新价值，从更长远的角度实现长久占领市场的目标。目标定位决定品牌特性以及品牌未来发展的动力。

（一）品牌定位的意义

第一，创造品牌核心价值。一个成功的品牌定位能够充分的展示品牌的特点、与其他品牌的差异化优势，这就是品牌的核心价值所在。

第二，与消费者建立长期的、稳固的关系。当消费者被一种品牌所吸引，并且开始购买使用这个品牌的时候，消费者在长久的时间中感受到品牌的优势，消费者与品牌之间就会产生长期稳固的关系。

第三，为企业的产品开发和营销计划指引方向。一种品牌的准确定位可以使企业实现资源的聚合，产品开发从此必须实践该产品向消费者所作出的承诺，在不偏离品牌定位指向的情况下对产品进行设计和营销,企业要根据自身的品牌定位来塑造。

(二)电商企业的品牌定位步骤

定位,就是使品牌实现区隔。今天的消费者面临太多选择,企业要么想办法做到差异化定位,要么就要定一个很低的价钱,才能生存下去。其中关键之处,在于能否使品牌开成自己的区隔,在某方面占据主导地位。电商企业一定要切实地理清自己的区隔,并按照以下四个步骤来建立定位。

1. 分析行业环境

电商企业不能在真空中建立区隔,周围的竞争者们都有着各自的要领,品牌定位要切合行业环境才行。

首先,从市场上的竞争者开始,弄清他们在消费者心中的大概位置,以及他们的优势和弱点。可以进行调查,就某个品类的基本属性,让消费者从 1 到 10 给竞争品牌打分,这样可以弄清不同品牌在人们心中的位置,也就是建立区隔的行业环境。同时需要考虑的,是市场上正在发生的情况,以判断推出区隔概念的时机是否合适。

2. 寻找区隔概念

分析行业环境之后,电商企业要寻找一个概念,使自己与竞争者区别开来。美国有 3600 家大学,比世界上任何地方都要多,但他们在很多方面都很相似,尤其是愿意接受政府援助作为奖学金和贷学金方面。位于底特律西 90 千米的休西贷洱学院(Hillsdale College),就此提出了一个区隔概念:拒绝政府资金,甚至包括联邦背景的贷款,几乎没有竞争者敢这样做。休西贷洱的口号是"我们脱离政府影响",将学校定位为"保守思想的乐园",使自己的区隔概念深入人心。正如一位集资者所说,"我们把这个产品卖了出去"。

3. 找到支持点

有了区隔概念，电商企业还要找到支持点，让它真实可信。任何一个区隔概念，都必须有据可依。比如，可口可乐说"正宗的可乐"，是因为它就是可乐的发明者；电商企业要做好品牌定位就得提供些别人所没有的服务。区隔不是空中楼阁，消费者需要电商企业证明给他看，这样电商企业就得提供一些别人所没有的服务，以便支撑起自己的概念。

4. 传播与应用

并不是说有了区隔概念，就可以等着顾客上门。最终，企业要靠传播才能将概念植入消费者心中，并在应用中建立起自己的定位。

企业要在每一方面的传播活动中，都集中体现出区隔的概念。当你的区隔概念被别人接受，而且在企业的销售、产品开发、设备工程，以及任何大家可以着力的地方都得到贯彻，你可以说，你为品牌建立了定位。

三、跨境电商品牌营销的策略

(一)打造好跨境电商服务团队

跨境电商企业要采用品牌营销战略，就要对自身的品牌意识进行强化，建设并运营自己的服务团队。在团队建设过程中，注重成员专业技能及素质的提高，为平台运营、产品研发及改造升级、品牌推广、产品售后服务等环节提供保障。如今的大多数跨境电商团队，比较擅长平台运营、商品推广，但在发挥品牌效应、结合海外销售渠道、产品售后服务等环节的处理能力还有待提高。

因此，为了提高品牌营销的专业技能，电商团队可以尝试开设培训课程、举办业内交流活动，或者向境外电商学习相关经验。

在品牌营销的过程中,应该结合自己的发展情况,在初期阶段获得海外市场的经营资格采用实体运营方式,进行品牌打造与推广,同时加强线上的团队化运作。

等到跨境电商的线上运营具有一定的影响力后,可以把海外市场细分成不同的领域,与当地的电商企业联手经营,更好地符合海外消费者的需求。之后,便可采用分销策略,并逐渐扩大其实施范围,采用 B2B2C 模式。

(二)做好产品和服务,选择好的电商平台或发展自身电商平台

在跨境电商交易中,通常境外客户一次性购买的商品数量不多,但会选择多次消费,在收到商品后,会就商品的质量、客服的服务、收货时间等提出意见与建议,而客户的满意度能够影响到跨境电商企业未来的经营状况。相比之下,传统外贸企业的一次性交易规模大,但客户的收货时间要长一些,通常要在半个月以上。

从传统外贸行业过渡而来的跨境电商企业,受以往思维模式的限制,不容易在具体操作方面取得突破,无法对接境外顾客的需求。所以,跨境电商企业在产品营销过程中,要突破传统经营观念的局限性,根据境外顾客的需求,对自身的运营模式做出调整与改革。

跨境电商企业在运营中,还要面临平台选择的问题,当然,也可以独立建设自己的平台,在这个过程中,不能忽视如下问题。

第一,无论采用哪一种平台策略,首先都要考虑顾客的需求,利用产品营销提高企业品牌的影响力,在这方面做得比较好的是亚马逊,该平台将客户放在最核心的位置,将消费者的反馈信息呈现在平台上,对潜在消费者形成吸引。

第二,不能忽视电商平台的专业化经营水平,要将产品依照类别区分开来。无论是选择第三方平台,还是独立展开平台运营,都要注重专业经营,不要将所有商品混淆在一起对外出售。

第三,在平台运营过程中,要根据市场需求对自己的产品进行类别划分,突出产品某一方面的特征。例如,某款运动鞋,在山区较多的国家与地区,应突出运动鞋适合攀登的特点;而在地形平坦的地区,突出运动鞋适合远足、耐磨耐穿的特点。

(三)选择优秀的物流公司和完善的支付系统

在物流公司的选择上,既要考虑跨境电商企业自身的产品特点,也要了解境外顾客的区域分布,保证商品能够在最短的时间内到达消费者手中。如果企业有足够的资金条件,应该与那些覆盖范围大、信誉有保障的物流公司合作,比如联邦快递等。

通过与实力型国际物流公司合作,可以让顾客在短时间内接收商品,增强顾客体验,从而对跨境电商企业本身产生信赖感。如果商品的总体规模较大,且顾客对时间要求不是很高,也可以通过国际海运来运输货物,从而减少物流成本。

如果商品规模较小,顾客希望尽快收到货物,但采用国际快递会超出商品本身的价值含量,在这种情况下,不妨通过顺丰速运、东航产地直达,以及贝邮宝(北京邮政与 PayPal 合作开发的物流项目)等方式实现货物运输。除了能够缩短运输时间、节省物流成本外,还能随时了解商品的运输实况。

在支付环节,首先要保证顾客付款的安全性,在这个基础上,为了方便消费者支付,应兼容信用卡、支付公司、银行支付等多种交易方式,使顾客可以从中选择符合自己习惯的支付方式。同时,扩大电子支付覆盖的货币种类,在这方面具有代表性的是国际汇款公司,它拥有世界最大的电子汇兑金融网络,超过 20 种货币可通过该公司的汇兑体系进行消费结算。

(四)与境外电商和媒体合作,实现品牌产品销售的本地化

通常来看,跨境电商在物流环节消耗的时间较长,售后服务体系也不够完善,那么其在与市场所在地的同类企业的争夺中处于劣势地位。

　　因此,跨境电商企业可联手境外电商,在其市场所在地设置物流中心与服务部门,当消费者下单时,便可将其订单信息发送给当地的物流中心,由工作人员进行处理,将相应产品由当地的存储中心发送到消费者手中,并为其提供售后服务,更好地满足消费者的需求,增强消费者的整体体验,改变跨境电商在竞争中所处的劣势地位。

　　因此,传统外贸企业在经营跨境电商业务时可以尝试联手原有的信誉度较高的境外客户,配合跨境销售在海外市场设置物流中心及服务机构,先采用传统外贸方式把商品送达市场所在地的物流中心,然后将商品信息发布到电商平台,由当地的服务人员负责产品物流。如此一来,企业既能够获得出口退税等多种政策的支持,又能简化跨境销售的操作流程。

　　联手境外社交媒体也是跨境电商企业可以采取的战略之一。这种合作发展方式的优点如下:一是利用社交媒体,展开针对品牌产品的交流互动,提高用户的参与度,扩大产品的覆盖面。二是以多元化渠道方式统计消费者对某种产品的实际体验,为跨境电商企业的商品调整与改革提供数据参考,在深入把握消费者需求的基础上,大幅提高产品销量,根据消费者的心理预期进行产品研发。

　　近年来,我国跨境电商有了较大的发展,且呈持续上升趋势,西方发达国家以及部分快速成长中的发展中国家的跨境市场,都很看好我国的跨境电商领域,不仅如此,确实有一些中国跨境电商企业在海外市场获得了不错的发展成果。

　　国内耳机品牌赛尔贝尔比较具有代表性,该企业与敦煌网就外贸电商服务达成合作关系,并取得了理想的推广效果。另外,深圳卓普通信设备有限公司旗下的"ZOPO 卓普"品牌在跨境电商平台运营了 13 周,其销售范围就扩展到欧洲,美国的消费者也开始购买该品牌的终端产品。

　　这些跨境电商品牌的运营,能够突出企业自身的差异化特征,提高品牌影响力,使企业获得更加长远的发展。

第五章　跨境电商的客户服务

　　订单小单化、碎片化,以及订单数量增长迅速,是目前跨境电商的两大特点。由于本行业的客户服务工作所面临的环节多、情况复杂,涉及多种跨境运输渠道,以及不同国别在语言、文化、产品标规上的各种差异,非专业化的客服工作方式已经不能适应行业的发展与客户的需求,因此对跨境电商的客户服务进行研究十分必要。

第一节　客服工作范畴及目标

一、客服的工作范畴

(一)解答客户咨询

1. 解答客户咨询的职能

跨境零售电商的商业本质是"零售业"的分支,而基于零售行业的特点,客户必然会对卖家提出大量关于"产品"和"服务"的咨询。所以客服人员解答咨询的工作主要分以下两大类。

(1)解答关于产品的咨询

综观目前中国卖家的跨境电商行业,其产品主要有以下三个特点。

第一,产品种类庞杂,从早期的 3C、玩具,到后期卖家集中发力的服装、配饰、家居、运动等,涉及的行业不断丰富,基本已经覆盖国内外所有常见的日用消费品。

第二,不同于国内电商中单个店铺往往只销售 1～2 个专业品类的特点,跨境电商中,由于国外客户对"店铺"的概念非常薄弱(早期建立的国外电商平台大都没有"店铺"的概念,而只有松散的"产品链接",如美国亚马逊),因此,即使对同一个卖家而言,他同时兼营的产品也经常涉及多个行业、不同种类。这就使得客服的工作变得更加复杂。

第三,产品规格上存存巨大的国内外差异。比如,令许多卖家头疼的服装尺码问题,欧洲尺码标准、美国尺码标准与国内产品总是存在差异;又如,电器设备的标规问题,欧洲、日本、美国电器产品的电压都与国内标规不同,即使是诸如电源插头这样一个小问题,各国也都有巨大的差异,中国卖家卖出的电器能适用于澳大利亚的电源插座,但是到了英国可能就完全不能用了。

以上这些问题都增加了客服人员在解决客户关于产品的咨询时所面临的难度。而客服人员第一重要的工作任务就是在当客户提出任何关于产品的问题时,无论多么复杂,都要为客户做出完整的解答,提出可行的解决方案。这对广大中国卖家来讲,不能不说是一个不小的挑战。

(2)解答关于服务的咨询

跨境电商行业的另一个特点在于服务实现的复杂性。当面临运输方式、海关申报清关、运输时间以及产品安全性等问题时,跨境电商往往比国内电商需要处理的情况更复杂。而当产品到达国外客户手中后,产品在使用中遇到的问题需要客服人员具备更好的售后服务技巧,才有可能调用尽量低的售后成本为国外客户妥善地解决问题。

2. 客服提供咨询需要的技能

为了能够完美地解决以上两种常见客户的咨询,客服人员需要具备如下技能与素质。

（1）对所经营的行业与产品有充分而深入的了解

在面对国内外服装尺码有巨大差异的情况下，如何帮助客户挑选适合她身材或体型的产品；或者在面对国内外电器类产品在电压、电流、插头等各项技术指标不同的情况下，如何挑选客户能够正常使用的电器产品；等等，都要求客服能够对自己所经营的行业与产品有深入的了解，从而更好地解决客户的咨询。

（2）对跨境电商整个行业的各个流程都要透彻地掌握

产品开发、物流方式、各国的海关清关政策等各步骤如何实现、如何运作，客服人员都需要有基本的了解。只有在客服人员对行业熟悉的情况下，当客户提出问题时，客服人员才有可能及时有效地解答客户的疑惑，促成客户下单。

（二）解决售后问题

1. 客服解决问题的职能

跨境电商行业有一个非常有趣的特点，即在正常情况下，客户下单之前很少与卖家进行沟通，这就是行内经常提到的"静默下单"。卖家首先要做的事情是在产品的描述页面上使用图片、视频、文字等各种方式充分而透彻地说明正在销售产品的特点，以及所能够提供的售前、售后服务的所有内容。一旦这些内容落实到产品页面上，就成为卖家做出的不可改变、不可撤销的承诺。

在大家所熟悉的国内电商行业中，绝大部分客户在下单前都需要与客服人员就"是否有库存""可否提供折扣或赠品"等内容进行多次沟通。而在跨境电商行业中，客户往往在下单前不与客服人员进行任何形式的联系。客户静默下单，即时付款，对卖家来讲，这不得不说是减少了工作量。

另外，在跨境电商行业中，当客户联系卖家时，往往是客户发现产品或者物流运输，或者其他服务方面出现了非常大的问题。而这些问题是客户依靠自己的力量无法解决的。这就导致一个比较让人头疼的情况:在跨境电商中,绝大部分情况下,当客户联系客服人员时都是涉及某一方面的投诉。

不难发现,许多跨境电商卖家每天收到的邮件中有将近七成都是关于产品和服务的投诉。也就是说,客服人员在日常工作中处理的最主要问题都是在解决各种麻烦。欧美专业售后客服对这项工作有种说法——Trouble Shooting。

2. 客服实现解决问题需要的技能

(1)客户情绪引导控制的能力

在公司内训中,常常要求相关同事以推己及人的思路来从客户的角度考虑问题。设想一下,如果我们是一个跨境电商中的买家,当我们等待了十几个工作日甚至更久之后,却发现产品或是运输服务出现了许多问题,我们是怎样一种心态? 在这样的心态下,当买家联系卖家时,往往是缺乏安全感,并且情绪极度焦躁。这对卖家解决客户的问题是非常不利的。因此,帮助客户客观地认识问题,引导他们的情绪,进而控制整个业务谈判的方向,成为客服必须具备的一项素质。

(2)处理问题过程中对损失控制的能力

不论商家采取何种商业模式,一旦收到客户投诉,其必然需要采取各种方案,而这些方案往往会涉及一些售后成本。跨境电商不同于国内电商,由于距离远、运输时间长、运输成本高,当产品或服务出现问题时,售后处理的方案往往会比国内电商的处理方案在成本上更高。

例如,当一件售价 20 美元(大约 125 元人民币)的服装出现尺码严重不符,以致客人无法使用的情况,在国内电商环境下,处理的方法往往是安排客户退回产品,卖家再重新发送一件尺码合适的服装,而其中的售后成本仅仅是退货与再次发货的运费。这一费用很低,且往往与产品本身的价值无关,卖家和买家还可以协商由谁来承担这个费用。

倘若此情况发生在跨境电商背景下,则需要采取另一种方式加以对待。同样一件 20 美元的夏季服装,卖家发货的国际运费大约为 25 元人民币(约 4 美元),如果需要买家退回产品,由于国外的跨国邮政运费远远高于中国的国际邮政包裹运费,买家可能要为退回产品支付超过十多美元的运费(以美国客户为例,使用 USPs 可跟踪服务退货回中国,0.5 千克内的包裹,大概需要花费 15～20 美元)。退货运费往往超过了产品本身的价值。在这种情况下,无论是买家还是卖家,都不愿承担这样的高额退货运费。因此,"退货—换货"的模式就不再适用。

由此可见,跨境电商的售后处理方法与国内是完全不同的,最常见的处理方式就是免费重发或者退款等。而诸多的这些处理方法需要支付的成本都是不同的。好的客服就需要在多种处理方法中引导客户选择对卖家而言成本最低的处理方案。

(3)对各个岗位工作流程全面了解的能力

解决客户的问题时,客服首先必须是跨境电商行业的专家,他必须对诸如产品、采购、物流、通关等各方面的工作流程都有一个全面而正确的认识。只有如此,客服人员才能够准确地发现问题所在,客户遇到的麻烦才能够得到完美的解决。

(三)促进销售

1. 客服促销的职能

销售与促销常常被认为只是业务销售人员的工作。但实际上,在跨境电商领域中,客服如果能够充分发挥主观能动性,也能够为企业和团队创造巨大的销售成绩。这里以阿里巴巴速卖通平台为例,众所周知,速卖通在刚刚诞生之际,主要的平台定位曾经是"面向欧美市场的小额批发网站"。但随着时间的推移,速卖通逐渐成长为一个完善的跨境电商 B2C 零售平台。在该平台上成交的订单大多是面向欧美、俄罗斯、巴西等国的零售型产品。不可否认的是,国外买家中仍然有很大比例的人群习惯于在速卖通上寻找质优价廉、品种丰富的中国产品供应。因此,在多年的速卖通运营过程中,一直不乏小额的国外批发采购客户。

这些客户的模式往往是挑选几家中国卖家的店铺做小额的样品采购。在确认样品的质量、款式以及卖家的服务水平之后,这些客户经常会试探性地增大单笔订单的数量和金额,逐渐发展为稳定的"采购—批发供应"关系。根据日常经验可知,美国的拉美裔、亚裔小店铺业主以及澳大利亚客户和俄罗斯客户等,是跨境小额批发的主要人群。

回顾逐渐形成的稳定批发客户,他们与中国卖家的接触往往不是通过业务人员,而是通过客服。因此,好的客服人员需要具备营销的意识和技巧,能够把零售客户中的潜在批发客户转化为实际的批发订单。这就是所谓的客服的促销职能,也是被许多跨境电商团队所忽视的。

2. 客服实现促销需要的技能

为了发掘潜在批发客户,并能够将这些潜在的客户转化为实际的批发订单,客服人员需要具备以下技能。

(1)能够敏锐地发现潜在大客户

批发客户往往是通过零售客户转化而来的,但并不是说所有的零售客户都是潜在批发客户群。这就需要客服人员具有发现潜在大客户的敏锐性。这个技能是无法在短期内炼成的,但有些常用的技巧可供参考。比如,潜在的批发客户会比普通的客户更重视卖家的产品丰富度、产品线的备货供应情况,以及当购买数量提升时,是否能够得到相应的有力折扣等。简而言之,批发客户所重视的在于与中国的卖家合作之后,是否能够得到更大的利润空间,以及稳定的产品供应和丰富的某个类目下的产品种类。越是供货稳定、批发折扣力度大、运输方案灵活的有经验的卖家,越容易博得批发客户的青睐。依据这样的思路,让客服人员不断观察和总结,通过与客户的积极沟通交流,来培养发现潜在大客户的敏锐性,这是促成大单交易的第一步。

（2）能够全面掌握成本、物流、市场等情况

当团队赋予客服人员促进批发订单成交的职能之后,在某些情况下,客服相当于半个业务人员。因此,类似于传统外贸中的"询盘—报价"模式,客服在工作中也经常会涉及物流费用、产品成本以及销售利润的预算。这就需要团队在对客服人员进行培训时,要求他们充分掌握本团队所经营产品的成本情况、运输方式的选择,以及各项费用的预算。

（3）拥有持续追进的耐力

客服人员一旦被团队赋予了促进销售的职能,相应地,他们就需要有持续推进的耐力。新手卖家之所以很少有人能够谈成批发订单的一个重要原因,就是他们在客服工作方面缺乏对重点客户的持续跟进。

通常情况下,批发客户在跨境电商平台上的询盘是同时向多个中国卖家一齐批量发出的。在收到多个卖家的第一轮报价后,客户往往会对所有的这些报价以及相应的运输服务进行横向比较。这也是为什么很多情况下发出的批发报价总是石沉大海。实际上,在第一轮报价之后,客服人员应该定期与买家进行联系,明确他们现在的情况与问题,及时调整价格、运输方式、交货时间或者清关方式,这些都是批发客户在收到多个报价后所主要考虑的。

当买家进行跨国批量采购时,涉及的金额比较大,运输付款等各项风险也相对较高。因此,国外的批发客户在进行采购时并不只是考虑报价的高低,更多地要考虑合作的稳定性与卖家的服务、处理能力。由此不难得出结论:持续、定期地与买家沟通,解决买家的顾虑或疑惑,与买家一起研究,提供最安全、稳妥的物流和供应方案,是最终将批发订单敲定的关键。

此外,当与买家第一次达成批发订单后,后续的客户服务要更加主动。因为根据经验,跨境电商平台上的批发订单除"金额较小"这一特点外,还有另一个重要特点,就是再次回购的稳定性非常好。如同上文提到的,跨境电商平台上的批发客户主要是在

欧美国家于线下开展零售业务的小店铺业主。由于他们的资金有限,很难像传统进口商那样,开展以集装箱为单位的大额进口贸易。但是小店铺业主的经营是非常灵活的,所以他们的订单往往兼具了批发金额小、下单频率高且稳定的特点。

就跨境电商的卖家而言,第一笔批发订单的完成常常意味着后续多次合作的开始。这就需要客服人员定期联系过往的批发客户,为他们提供更加周到的售后服务,同时向他们推荐最新的相关产品。此回访模式往往会带来更高的下单率和更加稳定的长期客户。

(四)管理监控职能

1. 客服管理监控的职能

由于其跨国交易、订单零碎的属性,跨境电商在日常的团队管理中容易出现混乱的情况。无论是在产品开发、采购、包装、仓储、物流或是海关清关等环节,可能出现问题的概率都会比国内电商更大。

事实上,在某个环节出现问题并不可怕,可怕的是出现问题之后由于环节非常多,责任无法确认到位,导致问题进一步扩张与恶化。如果整个团队工作流程中的缺陷在导致几次问题之后仍然不能被有效地发现和解决,那么对团队来讲无异于一个长期的定时炸弹。环节上的缺陷随时有可能爆发,并引起更加严重的损失。

所以,对任何一个团队来讲,团队的管理者都必须建立一套完整的问题发现与问责机制,在问题出现后,及时弥补导致问题的流程性缺陷。客服岗位在跨境电商行业便扮演着这一角色。首先需要明确的是,客服人员并不一定直接参与到团队的管理中。但是作为整个团队中每天直接面对所有客户的一个岗位,客服人员聆听并解决所有客户提出的问题。"春江水暖鸭先知",客服人员作为广大客户的直接接触人,是团队中最先意识到所有问题的接触点。

基于此,跨境电商团队必须充分发挥客服人员的管理监控职能,让客服人员定期将遇到的所有客户问题进行分类归纳,并及时反馈到销售主管、采购主管、仓储主管、物流主管以及总经理等各部门。为这些部门的决策者对岗位的调整和工作流程的优化提供第一手重要的参考信息。

2. 客服实现管理监控职能需要的条件

为了更好地实现客服岗位的管理监控职能,客服人员要掌握整个公司各部门工作的基本流程外,团队的管理者也需要对客服的工作内容进行相应的安排。

(1)建立及时发现与统计问题的工作制度

客服在工作中会发现各种问题,其发现问题和反馈问题的过程不视为简单的"一事一报",而是应该在一个完整的"统计—反馈"制度下运作。客服人员通过客户的投诉,从而发现各个问题之后,需要将问题所涉及的部门进行分类,同时统计所涉及的损失。

具体的操作方法可以通过建立固定的"统计—分责"机制,使用制作 Excel 表格形式,将客服人员所遇到的所有问题分门别类地进行统计。统计的数据包括具体订单号码、清晰的问题描述、客服的处理方法、涉及的费用以及相关的责任部门,等等。当管理者拿到统计数据后,其可以清楚地对表格进行筛选与统计,从而快速发现问题所在,及时与相关的同事和责任人进行联系,有的放矢地解决流程中的漏洞。

(2)做到发现问题后及时向相关部门反馈

通常情况下,问题的统计是定期的,比如每一周或半月向管理者汇报一次。管理者接收到问题之后会对出现问题的环节进行修正,但是仅用这种定期汇报的模式会出现问题反馈不够及时的缺点。所以,当客服人员发现问题后,往往还需要及时与相关的部门同事进行"一事一议"的实时沟通。

（3）培训客服掌握与其他部门的沟通技巧

不管是及时地与出现问题的部门同事进行沟通，还是将问题分类统计，并发送给团队管理者，客服人员都扮演了重要的"管理信息提供者"的角色。

需要特别注意的是，客服人员本身往往并不是管理团队的一员。因此，管理者需要对客服人员进行相关培训，帮助他们在与其他同事同等地位的情况下，处理好部门与部门之间的沟通。一方面要及时解决问题；另一方面，又要让所有团队成员意识到客服所提供的问题反馈对整个团队健康发展的重要性。

二、客服的工作目标

（一）保障账号安全

1. 保障账号安全的含义

在明确客服的"保障账号安全"这一职责之前，需要先搞清楚跨境电商行业中何为"账号安全"。首先需要明确的是，跨境零售电商对卖家的信誉以及服务能力的要求要高于国内电商。以阿里巴巴速卖通平台为例，为了清楚地衡量每一个卖家不同的服务水平和信誉水平，速卖通平台设置了"卖家服务等级"这一概念。

实际上，"卖家服务等级"属于一套针对卖家服务水平的评级机制，共有四个层级，分别是优秀、良好、及格和不及格。在此机制中，评级越高的卖家得到的产品曝光机会越多；平台在对其推广资源进行配置时，也会更多地向高等级卖家倾斜。反之，当某个卖家的"卖家服务等级"处于低位水平，特别是"不及格"层级时，卖家的曝光机会以及参加各种平台活动的资格都会受到极大的负面影响。这种影响的程度远远高于国内电商的类似情况。

在跨境电商中，常见的影响"卖家服务等级"的因素有以下几种：成交不卖率得分、纠纷提起率得分、货不对板仲裁提起率、有责率等。卖家要做到的就是要通过提高产品的质量和服务的水平，不断提升卖家服务等级，以便在平台销售过程中获得更多的资源优势与曝光机会。

从现实情况来说，受制于卖家的产品结构在短期内不可能进行频繁调整，卖家团队运营水平的提高也只是循序渐进。所以，一般来讲，一个卖家的产品质量与运营水平在一定时期内是稳定的。

所以，要想在其他因素相对稳定的前提下达到更高的卖家服务等级，就需要客服人员通过各种工作方法与沟通技巧，维持以上提到的各项指标。也就是说，指标越好，账号的安全度越高。这也就是通常所说的跨境电商客服人员的"维护账号安全"目标。

2. 保障账号安全的考核标准

有非常多的、可量化的指标能够考核客服人员是否达到"维护账号安全"这一目标，其中排在首位的就是要保持"卖家服务等级"处于较高水平。

通常情况下将账号的安全目标分成两个方向：一是"最低安全标准"；二是"奖励安全标准"。

体现在"卖家服务等级"这一标准上，要求具体店铺的相关客服人员必须保证该店铺的卖家服务等级在"及格"以上。当店铺的卖家服务等级低于及格线，处于不及格这一层级时，该店铺的"可用营销邮件数"会被降为0，在所有的平台促销活动中，该店铺都无法参加，更严重的是，"不及格"的店铺在搜索排序中会受到严重的负面影响，这将直接影响店铺的整体曝光与销量。因此，保证账号的卖家服务等级在"及格"或者以上是对客服团队提出的"最低安全标准"。

倘若产品与服务水平到达一定高度，并且在客服的努力下店铺各项评级指标逐渐改善，建议为客服岗位设置"奖励安全标准"。体现在卖家服务等级上时，当店铺达到"优秀"评级后，无论是在曝光加权上，还是在平台活动的优先参与权上，平台都会有非常明显的支持与倾斜。"优秀"卖家将获得"Top-rated Seller"的标志,买家可以在搜索商品时快速发现优秀卖家,并选择优秀卖家的商品下单。这些对创业的中小型卖家来讲,显得尤为重要。因此,当客服通过努力,解决了中差评,防止不良订单的产生,进而使整个店铺维持在高服务等级上时,对相关客服人员进行一定程度的奖励,就是非常值得的。

(二)降低售后成本

1. 客服售后成本的含义

由于运输距离远、时间长,国外退货成本高等特点,跨境电商客服人员在解决客户的各种投诉过程中,其所使用的方法与国内电商使用的方法是完全不同的。在这种情况下,跨境电商的卖家一般会比国内电商的卖家更多地使用到"免费重发"或者"买家不退货,卖家退款"的"高成本"处理方式。这也是许多新卖家在经营跨境电商业务之初容易感到迷茫和担心的。

实际上,一个好的客服人员在处理国外卖家投诉时,所使用的方法是多元化的。同时,富有经验且精于沟通的客服人员会使用各种技巧,让客户尽量接受对卖家来讲损失较小的解决方案。所以,降低售后解决方案的成本就成为对跨境电商客服人员所必须考核的一项重要目标。

2. 降低客服售后成本及相关考核

客服在进行售后维护的工作中不可避免地会涉及各项成本。而在跨境零售电商领域中,解决售后问题时所涉及成本的高低往往与各种解决方案相关。以下列出了跨境电商客服工作中最常见的几种解决方案以及所对应的亏损金额。

(1)常见各种处理售后问题的方式和成本比较

第一,买家不退货,卖家退全款(销售额100%亏损)。

当以这种方式进行处理时,卖家不但无法收回已经发出的产品成本和运输费用,还需将所有从买家处收取的订单金额全部退回。因此,这是最极端的一种方式,但也是最干脆利落地解决买家投诉的方法。在现实操作过程中,特别是新手卖家,在了解到卖家服务等级的重要性后,往往会大量使用这种方式。虽然这种方式不需要太多的处理技巧,并且往往可以有效地防止买家留下中差评或开启纠纷、裁决等,但由于损失额度太大,长期使用会严重拉低整个店铺的利润水平。

第二,免费重发(65%~80%亏损)。

免费重发指的是买家并不将第一件有问题的产品退回卖家,卖家为了解决客户的产品问题,会安排免费重发一个没有问题的产品。在这种操作方式下,卖家所支付的实际成本由两部分构成:一是重发产品的进货成本;二是重发产品的运输费用。一般来讲,这两项费用的总和大约占到原始订单的65%到80%。这个数值也就是在"免费重发"方式下卖家所需承担的损失。

第三,部分退款或其他补偿(20%~50%亏损)。

当买家投诉的产品问题并不是特别严重,并非无法解决的情况下,卖家可以与买家商议,以部分退款的形式来作为对买家的补偿。

比如,当美国买家购买了中国尺码的帆布运动鞋,由于中美鞋型、鞋楦(鞋的成型模具)的差异,导致鞋子在顾客上脚后有一定的紧绷或不适感,但并不影响穿着。在面对这种投诉的情况下,卖家可以尝试建议退一部分金额,如20%,给顾客作为解决问题的补偿。基于当时顾客的态度,一般情况下可以用这种方式来解决。这时,部分退款的金额也就是此次客服售后工作的成本。

第四,下次购买的优惠券(10%~20%亏损)。

以阿里巴巴速卖通平台为例,速卖通卖家后台"营销活动"板块里的"定向发放型优惠券"工具,可以给曾经在店铺中下单的或者是收藏过产品的客户提供仅针对某几个买家的独特优惠券。被发放该优惠券的老客户可以在再次下单时享受一定金额的优惠,而普通客户无法享受这一"差别性的"优惠待遇。

对于客户而言,定向发放型优惠券(特别是没有使用门槛要求的优惠券)属于自己独享的优惠,类似于 VIP 形式的待遇,与退款无异。而对卖家而言,一方面,这种优惠券的损失金额会比"全额退款"或"免费重发"损失更小;另一方面,优惠券可以促使客户再次下单,进而获得新订单的销售额与利润。

第五,技术层面解决问题,解除疑惑(0 亏损)。

在以上所有解决客户投诉问题的方法中,最推崇的毫无疑问是零成本的方法。这种方法指的是通过客服人员的答疑,解决客户关于产品、服务、运输的所有问题,让客户理解整个服务过程,并接受产品。这正是所追求的目标。这种方法往往运用在技术性比较强、使用较复杂的产品上。此时客服人员需要通过巧妙的方式,用简单易懂的语言向客户说明产品的使用方法,解答一切关于产品本身的技术性问题。一旦客户的问题通过客服人员的回答得到完美解决,那么卖家就不需要做出任何有成本损失的补偿行为。

(2)客服售后成本的考核指标

要想对客服人员在售后成本的考核上,需要一个可以量化的指标。经过考察诸多较成熟的跨境电商卖家,一个数据指标被引入,即"月度退款重发比"的概念。该指标的计算方式如下:

月度退款重发比=(退款总额+重发成本费用+其他售后成本)/月度销售总额

其中,"退款总额"指的是在部分或者全部退款的情况下,本月卖家对所有的买家所发放的退款人民币总和;"重发成本费用"指的是当客户接受免费重发的解决方案后,本月卖家安排重发所有的订单所需支出的"重发产品进货成本+重发运费"之和的人民币总额;"其他售后成本"指的是在使用其他售后处理方式下,卖家所需支付的所有成本的人民币总和;"月度销售总额"指的是该卖家团队在本考核月度内所有售出订单换算为人民币的总额。

通常情况下,行内该指标的正常范围为 1%~3%。换言之,即跨境零售电商团队的所有销售额中,每 100 元收入要有 1~3

元用于处理售后问题。

卖家团队的管理者可以使用这个指标来衡量一个客服团队在售后成本控制上的工作水平。在保证账号安全的前提下，该比率越低，说明售后成本的控制越好。当该比例超过 3％甚至更高时，卖家团队的管理者需要及时纠正客服人员的售后维护行为，防止售后成本失控。

(三)促进再次交易

跨境电商的客服人员除了解答客户的问题外，有一个非常重要的职责，就是促成潜在批发客户的批发订单成交。此外，通过自己的努力，客服人员也完全可以有效地帮助零散客户再次下单交易。

1. 卖家对问题的完美解决会在买家心中大大加分，容易形成客户黏性

跨境电商经营中不难发现，很多在店铺中几十次下单的老客户往往是交易开始时遇到这样或那样问题的人。而当客服人员帮他们完美地解决问题后，客户对卖家的信任会显著增强。特别是当专业的服务态度能够感动国外的客户时，这种人与人之间的相互信任关系会促使客户在未来的几年中稳定地回购下单。

2. 从大量售前咨询中发掘潜在大客户，促成批发交易

跨境零售电商行业中有大量的国外买家主要的目的是搜寻合适的中国供应商。无论是售前还是售后的咨询，这种客户更关注的是卖家在产品种类的丰富度上、产品线的开发拓展速度、物流与清关的服务水平和批发订单的折扣力度与供货能力等。一旦发现这种客户，客服人员需要积极跟进，不断地解决客户的所有疑问与顾虑，最终促成批发订单的成交。

3. 巧妙使用邮件群发工具形成"客户俱乐部"制，增加回头客

在跨境电商的营销过程中，通过与营销业务人员的配合，客服人员也可以扮演非常重要的角色。相对于国内买家,国外零售电商的买家更容易接受"客户俱乐部制"。因此,有效且精致的营销邮件群发,一方面可以增强客户的黏性;另一方面也可以通过优惠券的发放促使客户参与店铺的各种促销活动,促使他们回店再次下单。

第二节　跨境电商的客户维护

一、客户维护工具——网站后台的客户管理与营销

(一)客户管理功能

在客户管理页面中可以看到所有的客户、客户分组和黑名单,在所有客户页面中能管理所有有过交易的买家信息,包括买家所在国家、最近一次采购时间、买家的采购次数、累计采购金额、最后评价时间、评价得分、成交均价等信息。如果您需要对客户进行再次补充,可以在备注一栏中添加备注。

除了具有基本的买家信息展示功能外,该产品还支持卖家通过最近一次的订单先后、交易次数多少和累计交易金额大小进行排序,方便卖家通过各种维度识别需要维护的重点买家。比如,一个买家在卖家这里有过多笔交易,有很高的交易额,但很久没有有在卖家的店铺进行采购,卖家就应该联系该买家了解其流失的原因,并针对性地改善自己的产品或服务。

(二)客户营销功能

卖家可以选择邮件营销和定向发放优惠券对客户进行维护或营销。为厂让买家有更好的购物体验,邮件营销的次数根据卖家的服务等级有相应的次数限制,所以后台中的邮件营销需要每

次有计划地策划邮件内容。

具体操作如下：(1)选择好邮件营销选项后单击发送营销邮件。(2)添加客户，然后选择需要营销的对象。(3)填写标题和邮件内容。当客户收到营销邮件后，第一时间看到的是邮件的标题，所以需要制作非常有吸引力的标题才能引起客户查看详情的欲望；邮件内容可以适当地对营销活动做一个简单介绍。

二、客户维护技巧

卖家看到有客户下单的时候通常会欣喜万分，并耐心地催付，认真地备货和发货。当交易完成时，就感觉如释重负了。每次的交易完成并不意味着沟通的结束，而是下次交易的开始。客户的满意度来自每次交易，每次交易也可能改变客户的满意度，持续的满意度积累能够增加客户对店铺的信赖，有一次不好的体验足以让之前的满意功亏一篑。要想使新客户变成老客户、老客户变成重要客户应做到如下几点。

(1)成交致谢。客户的成交是对卖家信任的开始，一封简单的感谢模板是对买家信任的呵护。

(2)赠送礼品。礼品可以是邮票、挂件、贺卡、剪纸等重量比较轻的东西。当客户收到货时，让客户体验到卖家是有心的，能迅速提升买家对卖家的好感。

(3)发货通知。每笔订单发货后，需及时做好发货通知(参照发货通知模板)，关注包裹状态，如果遇到航线拥堵，应及时帮助客户延长收货日期。

(4)节假日问候。关注客户所在国家的节假日情况，有针对性地发送问候。

(5)在客人还没有收到货物之前，加深客户对印象，同时奠定感情基础，如果因不可抗力的因素而引起包裹丢失，通常能取得客户的理解。

(6)好评奖励。当客户确认收货时，对产品有了真实的感受，对前期的服务也印象深刻,买家是非常乐意对自己的购物体验做出满意评价的。卖家可以给买家发放优惠券、满立减、特别折扣等表示感谢与奖励,将会立刻刺激客户的再次消费。

(7)分享有礼是对好评奖励的延伸。卖家在做分享有礼时,建议加入客户的社交圈,获得更深层次的交流互动。

(8)上新通知。通过客户历史营销工具通知客户,或者站内信、EDM 营销,以及发放优惠券或特有的折扣力度,快速实现新品破冰。

(9)客户专享日。前面的几个点是很多卖家经常能关注到的,如果一味地进行商品打折或上新通知,买家容易疲劳,可能反而弄巧成拙。在完成一次交易后,分几个时间节点,设定客户专享日注入情感关怀,会更容易被客户所接受。比如,再次交易完成的一个月内,客户对自己购买的产品还能有清晰的记忆,也可以说是"蜜月期",在此期间,作为商家应该献上蜜月之礼,例如:I am glad to find you were so satisfied with our goods,and give us 5 stars,now you are the VIP customer in our store! Our team here is very exciting,it would be a great power to keep us moving on. 之后,可以通过满月之礼、百日之礼等,再尝试感情沟通。对买家而言,卖家能记得他何时购买过,会引起他对卖家店铺的再次关注,且时间越长越有意义。

(10)关联推荐。卖家根据买家购买的商品,推荐相似产品。关联产品推荐包括横向和纵向推荐,比如买家买了一套假发,推荐假发专用的一把梳子,这是纵向的推荐,如果买家买了一套直发假发,然后推荐卷曲的假发,这是横向推荐。

(11)促销通知。如果店铺需要做一次年中大促,提前两天将活动告知老客户,将可能实现产品销量的大幅提升。

三、客户维护频率

根据人的记忆周期规律,客服人员应抓住 1、2、4、7、15 这些时间节点,结合与客户接触的事件进行维护。比如,当客户拍下订单后,在第 1 天发出致谢和关联产品推荐,第 2 天告知货物状态及定向优惠券,第 4 天告知货物照片及店铺活动,第 7 天告知物流状态及优惠券使用提醒,第 15 天更新物流状态及节假日问候。

第三节　跨境电商客服体系的建设

　　跨境电商卖家要想提升客户的消费体验,拥有一支专业的客服团队是很关键的。如今跨境电商企业的客户服务体系通过建立以客户为中心的售前、售中和售后服务体系,实现对消费者的全程服务。跨境电商客服是用户在网上购物过程中的沟通桥梁,每当用户在线上购物出现疑惑和问题的时候,只有客服的存在才会给用户更好、更完整的购物体验。在与客户的沟通中,客服不仅仅代表自己,更代表整个企业。各跨境电商企业在接待用户、解答用户疑问、处理用户投诉的态度直接决定了用户网购的客户体验及企业形象。

　　客服团队的建设十分重要,为保证销售业绩稳步增长,客服系统的支持起到了举足轻重的作用,因而建设一支优秀的客服团队势在必行。通常情况下,跨境电商企业通过客服岗位设置与规划、客服岗位职责界定与招聘、客服团队培训与考核定岗等环节来进行客服团队的建设。

一、客服岗位设置与规划

(一)客服岗位设置

　　以客户服务为中心,一般设置的岗位主要为客服主管、销售客服、售后客服和产品管理客服等,各位卖家可以根据自身实际发展需要进行个性化的岗位设置,整体的分工是大同小异的,只不过在精细化程度上存在一定的差异。

(二)客服人力资源规划

客服人力资源规划通常会涉及五个方面,即战略规划、组织规划、制度规划、人员规划和费用规划。

(1)战略规划通常是根据总体发展战略的目标,对客服人力资源开发和利用的方针、政策和策略的规定,是与客服相关的人力资源具体计划的核心,是事关客服工作全局的关键性计划。

(2)组织规划通常是对客服团队整体框架的设计,主要包括组织信息的采集、处理和应用、组织结构图的绘制、组织调查、诊断和评价、组织设计与调整以及整体组织机构的框架设置等。

(3)制度规划通常是客服人力资源总规划目标实现的重要保证,包括客服人力资源管理制度体系建设的程序,以及客服制度化管理等内容。

(4)人员规划通常是对客服人员总量、构成以及流动的整体规划,包括客服人力资源现状分析、客服定员、客服人员需求和供给预测,以及客服人员供需平衡等。

(5)费用规划通常是对客服人工成本以及客服人力资源管理费用的整体规划,包括客服人力资源费用的预算、核算、结算,以及客服人力资源费用控制等。

(三)客服岗位设置与规划范例

通常情况下,客服团队主要由客服主管和各职能客服组成,其中职能客服按照所担负的职责不同而进行相应的岗位设置。企业在进行岗位设置的时候,应该立足自身实际,进行客服岗位的设置,随着自身经营规模的扩大和管理水平的提高,再逐步细化客服岗位。

1. 客服主管岗位及要求

(1)及时回复客户的订单留言及站内信,处理客户纠纷,解决和减少客户的差评,保持店铺的好评率和良好的信用度。

(2)熟悉 ERP 系统的操作,记录工作中遇到的问题,并反馈给上级。

(3)积极保持与其他职能部门同事(如采购、物流等)的有效沟通与联系。

(4)修正商品的库存信息以及其他数据统计工作。

(5)统一协调管理其他涉及客户服务事宜。

(6)完成上级交代的其他事务性工作。

(7)具有客户服务意识、销售和沟通技巧,做事有条理、干脆利落。

(8)大学英语四级及以上水平,有较好的英语文字功底。

(9)熟练使用 Office 办公软件(Word、Excel、PPT),熟练操作电脑。

(10)敏捷思维,性格直爽,开朗大方,具有良好的沟通能力、学习能力以及应变能力。

(11)做事细心、耐心,能承受一定的工作压力。

(12)性格开朗、主动热情,有团队合作精神和独立工作能力。

(13)具有高度的工作责任感和较强的团队意识。

2. 职能客服岗位及要求

(1)独立管理账号,工作内容主要涉及销售、产品信息发布、客户沟通、产品售后处理以及推广促销新品等。

(2)负责开发新产品,制定产品营销计划。

(3)负责处理客户问题,包括售前咨询、售后维护以及妥善处理各种争议。

(4)负责收集、分析市场情报及竞争对手状况,制定推广计划。

(5)完善店铺运营策略,保持店铺的好评率和良好的信用度,制作销售明细报表,进行销售分析。

(6)大学英语六级及以上,有一年以上外贸操作经验者优先。

(7)熟练使用 Office 办公软件(Word、Excel、PPT),能熟练运

用图片处理软件进行简单的图片处理工作。

(8)有团队精神和服务意识,为人诚实守信,做事脚踏实地,有较强的学习能力、应变能力,对在线外贸有浓厚兴趣者优先。

二、客服岗位职责界定与招聘

(一)客服岗位职责界定

从客服所承担的主要功能来看,主要分为产品管理客服、销售客服、售后客服和客服主管四种岗位,其主要职责分别为:(1)产品管理客服,负责新产品开发、竞争对手信息收集、产品编辑与发布、平台基本操作。(2)销售客服,负责产品问题解答、在线销售、未付款订单跟进、潜在消费者挖掘、老客户新品推荐。(3)售后客服,负责已成交订单跟进、退换货处理、买家数据收集、账户订单系统操作、客户关系维护。(4)客服主管,负责团队激励及情绪安抚、员工每日工作安排、员工周报的监督检查、工作流程考核、绩效考核数据收集。当然,实际工作过程中所要担负的具体工作远远不止这些,具体以实际为准,并没有严格的界定。

(二)客服招聘

跨境电商客服人员的流动性大、市场缺口也大。不少人员是为了积累经验才去当跨境电商客服的,一旦自己学会了便有可能辞职离开,还有一部分初入社会的人员因为暂时找不到更好的工作,便将之作为一个过渡,其心态极不稳定,加之跨境电商客服的工作内容相对而言比较单一甚至枯燥,而且由于网络交易的虚拟性,对文字交流不佳者是一大挑战,这些均是导致跨境电商客服人员不稳定的主要因素。

作为以互联网为媒介的跨境交易,所有的客户体验指标最关键的便是客服这一环节,虽然对学历的要求不高,但是对敬业的态度、与客户沟通的技巧、操作跨境电商平台以及相关软件的熟练程度要求很高,因此对所招聘的客服首先要求是要能吃苦,其次是要有耐心,只有这样才能处理好交易环节中的各种困难,提升客户体验,从而促成更多的交易,获得更多资料,维护好客户关系,形成一种良性互动。

(三)客服岗位职责界定与招聘文案示例

在正式招聘之前,通常需要发布招聘广告,招聘广告涉及很多部分,一个好的招聘广告可以让求职者清晰地知道招聘需求及条件,自己可以对号入座,自行筛选相符的条件,进而决定是否申请职位。

如何起草招聘文案一直是困扰部分企业的问题,以下摘取某公司针对客服岗位的招聘文案,内容涉及岗位待遇、岗位职责、岗位晋升和其他信息,以作示例。

标题:跨境电商外贸客服 6 名

(底薪＋绩效提成,综合薪资 4500～12000 元/月)

岗位职责:

研究跨境电子商务平台特定产品的品类属性,熟悉产品英文关键词,负责产品上架、回复客户询盘、制定产品促销策略、外贸网店基础操作和基础客服等。

任职要求:

(1)全日制大专或以上学历,2018 年应届毕业生优先。

(2)致力于在外贸行业长期发展,能长期在××地区发展者优先。

(3)对外贸商品感兴趣,品类涉及女装、内衣、服饰配件、运动户外、美容化妆品、家居、箱包、鞋子及孕婴童等中国制造商品。

(4)学习能力强,具有拼搏精神,抗压力,能吃苦。

(5)英语优秀者优先。

(6)具有勤工俭学经历者优先。

晋升通道：

（1）职称晋升：助理业务员—业务员—资深业务员。

（2）职务晋升：团队 Leader—主管—经理—运营总监—高级合伙人。

你将获得：

（1）区域和行业内很具竞争力的薪酬福利（社保和公积金，单双休）。

（2）规范化的职业素养提升和从业经验积累。

（3）良好的培训和晋升通道。

（4）节日福利，不定期聚餐交流，扩展人脉，奠定职业基础。

聘用方式：择优录用，签订正式劳动合同。

报名方式：请将个人简历邮件至 phdog@qq.com，文件命名请以此格式为准："姓名＋性别＋专业＋特长"。

报名时间：即日起至 2018 年 7 月 22 日（周日）12：00 截止。

面试时间：电话通知

联系人：Eric

联系电话：010－8812＊＊＊＊,136＊＊＊＊3799

地　址：北京市海淀区××街道××号

三、客服团队培训与考核定岗

（一）客服团队培训

企业一旦招到合适的客服人员，应立刻展开相关培训。客服团队培训的意义有：(1)快速上岗，有效缓解人手不足的压力；(2)提升归属感，增强忠诚度，降低人员流动；(3)服务标准化，提升运营效率；(4)增强学习能力，储备管理人员。客服团队培训管理的内容有：(1)价值观。向客服人员传达企业的价值观，利于新晋员工融入已有的成熟团队，加强员工对企业的认同感以及自身的归属感。(2)基础操作。帮助客服人员系统地学习操作平台的各类规则及熟练地使用各类工具,增强其专业素养。(3)岗位技能。培养客服人员日常销售技巧以及基本会话礼仪,使客服人员掌握必需的岗位技能及产品知识,增强其专业性。

(二)客服考核定岗

企业一般会用2~4周的时间进行培训,在培训期间,每结束一个环节,新晋员工都会经历一次考核,考核方式一般为笔试和上机操作,以满分制为准,分数的高低为分岗及转正考核的依据。客服主管的职位原则上优先考虑内部竞选,次要选择为外部招聘。产品管理客服、销售客服以及售后客服考虑员工意愿,结合考核分数合理定岗。

(三)客服团队培训计划表范例

培训环节设计的培训内容和对应的培训目的如表5-1所示。

表5-1　客服团队培训计划表格案例

培训对象	培训内容	培训目的
销售客服	日常工作流程培训及工作表格的流转	熟悉日常工作流程
	产品知识培训	了解所销售的产品知识
	网店客服礼仪及沟通技巧培训	掌握礼仪及在线沟通方式等
	买家心理分析及销售技巧培训	掌握销售导购的技巧及买家问题解答
售后客服	日常工作流程培训及工作表格的流转	熟悉日常工作流程
	买家关怀方式及沟通技巧	掌握与买家的后续沟通服务
	买家数据库的登记及分析	掌握买家数据库的整理及分析工作
	交易纠纷处理及退换货流程	掌握退换货流程及处理投诉

(四)客服考核定岗范例

在系统的培训和考核之后,对新晋员工的综合情况进行考察，本着"品德第一、能力第二"原则进行定岗，在此没有一个统一的标准，请根据自身实际进行衡量取舍。但总体而言，鉴于客服岗位的特殊性，新晋员工的软实力（人品方面）应该作为重要的考核依据，而对一个人人品方面的考察需要全面观察与注意，需要逐步积累资料，当然这对团队管理者而言也是一大挑战，应该努力提升自我素养，只有这样才可能具备"识人、用人"的能力。

第六章　跨境电商与国际物流

随着跨境电商的迅猛发展,跨境电商物流也得到了很大发展。与国内物流相比,跨境电商物流要面临复杂多变的国际环境,这给跨境电商物流的发展增添了诸多不确定性,带来了更大的挑战。本章将对跨境电商物流环境、我国跨境电商主要的物流方式、海外仓的运作和管理进行深入研究。

第一节　跨境电商物流环境

一、跨境电商物流发展的需求环境

跨境电商物流的发展以跨境电商的需求扩张为基础。所谓需求,即指消费者在一定时期内在各种可能的价格下愿意并且能够购买的商品或服务的数量。消费者运用跨境电商平台在全球范围内购买商品或服务的需求扩张推动了跨境电商的发展,进而为跨境电商物流的发展提供了原动力。

当历史的巨轮驶入 21 世纪,伴随以亚马逊、eBay 为代表的电商平台的成熟化,跨境电商逐渐成为跨境贸易的新渠道。无论是发达国家还是发展中国家,跨境电商交易的规模在国际贸易中的占比均呈增长态势。阿里研究院发布的《贸易的未来:跨境电商连接世界》显示,预计到 2020 年,中国跨境电商交易规模将达 12 万亿元,中国跨境电商需求呈井喷式增长,源自以下几方面原因。

（一）传统国际贸易转型

自 2008 年全球金融危机爆发后，国际市场需求持续低迷，国际贸易增长趋缓。对消费者而言，收入增长的趋缓推动其改变既往的消费方式，转而直接通过网络从海外市场购买物美价廉的商品；对进口商而言，出于缓解资金压力和控制库存风险的考虑，也倾向于将大额采购转变为中小额采购、长期采购变为短期采购，单笔订单的金额明显减小，大部分不超过 3 万美元。

当前，国际贸易正在经历从"集装箱"式的大额交易向小批量、多批次的"碎片化"贸易转型。国际贸易不再主要是大企业、大贸易商的舞台，中小企业，甚至小微企业逐渐在外贸订单中占据越来越多的份额。中小企业开始建立直接面向国外买家的国际营销渠道，以便降低交易成本，缩短运营周期。传统国际贸易向跨境电商的转型给传统的国际货物运输带来了新挑战，相对于运输量的扩张，运输形式的多样化发展和交货的即时性渐渐成为国际物流竞争的新热点。在此背景下，邮政渠道、商业快递、自主专线和海外仓等物流模式纷纷涌现。

（二）消费者需求变化

由于 2008 年发生了全球经济危机，经济形势低迷，海外消费者的消费需求悄然发生变化，借助互联网产业的发展，海外消费者通过互联网采购物美价廉的中国产品的消费习惯逐渐养成，eBay、亚马逊等电商平台也开始逐渐成熟，被欧美普通消费者所接受。与此同时，国内的电商经营者们也发现，物美价廉的中国商品在欧美发达国家有着众多的潜在客户，2008 年全球金融危机后，珠三角的传统外贸企业经营惨淡，相比之下，小额跨境零售市场却迅速扩大。也就在这一时期，兰亭集势等电商企业迅速成长起来。以手机行业为例，深圳作为中国"山寨"手机生产基地，每年"山寨"机的出货量在 5000 万台以上。在国内市场受到小米、魅族、联想、中兴、华为等国产品牌强力挤压的情况下，许多有实力的手机厂商都主动转向了海外市场。在国内市场日渐饱和的情况下，海外市场成为手机等电子产品厂商摆脱困境的主攻方向，由此催生了一批 B2C 电商企业。

与此同时，伴随电子商务的兴起，国内消费者的需求结构和消费习惯也面临转型。2008 年发生的"毒奶粉"事件推动了跨境电商的升温。频发的食品安全问题导致向国外寻找安全的儿童食品已经成为中国新一代父母的共识，学习如何代购国外奶粉更是很多新妈妈的必备功课。这直接催生了母婴类跨境电商的兴起，由于母婴类产品的复购率较高，这类电商平台的大量涌现为跨境电商物流规模的扩张提供了持续的需求动力。

(三)政府政策的大力推动

以网络强国战略的实施以及国家政策对跨境电商扶持力度大幅提高为契机，我国跨境电商也迎来了加速发展的春天。2014 年我国跨境电商交易规模为 4.2 万亿元，占当年我国进出口贸易总额的 15.89%。2015 年，"互联网＋"进一步为跨境电商插上坚实的翅膀，跨境电商作为新兴的贸易业态，得到了国家频繁的政策支持，为行业发展提供了更强的内生动力。2015 年 5 月，国务院接连发布《关于大力发展电子商务加快培育经济新动力的意见》和《关于加快培育外贸竞争新优势的若干意见》，都在跨境电商方面做出了重要部署。2015 年 6 月 20 日，国务院进一步下发《关于促进跨境电子商务健康快速发展的指导意见》，强调通过"互联网＋外贸"的方式发挥我国制造业大国优势，实现优进优出，促进企业和外贸转型升级。2017 年 4 月 8 日，财政部联合海关总署和国家税务总局共同推出《关于跨境电子商务零售进口税收政策的通知》等，跨境电商政策的密集出台，对行业发展起到积极的推动作用。

随着我国电子商务发展的政策环境、法律法规、标准体系以及支撑保障水平等各方面的完善与提升，根据试点地区的实际情况以及海关等相关部门的统计数字,后续跨境电商相关配套政策措施将不断优化和深化。外贸企业应抓住难得的历史机遇,研究利用好政策红利,完成转方式调结构,增强我国企业的国际竞争力,塑造"中国创造"的新形象,为我国外贸打开新的上升通道。

二、跨境电商物流发展的知识产权环境

目前我国跨境电商平台已超过 5000 家,企业超过 20 万家。未来还会有更多传统外贸产业链上的企业投身跨境电商,跨境电商的规模将更加庞大。作为外贸发展新增长点的跨境电商不断发展壮大,但这种迅速崛起的商业模式本身存在的漏洞也在不断被放大,知识产权问题就是其中之一。

跨境电商不同于传统的进口货物,呈现出境内境外两头复杂的特点,即商品境外来源复杂,进货渠道多,有些来源于国外品牌工厂,有些来源于国外折扣店,有些则来源于国外买手;此外,境内收货渠道复杂,且多为个人消费,无规律可言;而商品进境时品牌众多,与其他进口渠道比较,其涉及的商品品牌将大幅增加,且商品种类也较丰富。这些特点都会给开展知识产权确权带来一定困难,需要确权的数量、难度也会大大增加。

(一)知识产权的含义

知识产权,也叫"知识所属权",指的是"权利人对其所创作的智力劳动成果所享有的财产权利",一般只在有限时期内有效。各种智力创造,如发明、文学和艺术作品,以及在商业中使用的标志、名称、图像以及外观设计,都可被认为是某一个人或组织所拥有的知识产权。

知识产权是关于人类在社会实践中创造的智力劳动成果的专有权利。随着科技的发展,为了更好地保护产权人的利益,知识产权制度应运而生并不断完善。

(二)知识产权的分类

知识产权是智力劳动产生的成果所有权,它是依照各国法律赋予符合条件的著作者以及发明者或成果拥有者在一定期限内享有的独占权利。知识产权可以分为两类:一是著作权(也称为版权、文学产权),二是工业产权(也称为产业产权)。

1. 著作权

著作权又称版权,是指自然人、法人或者其他组织对文学、艺术和科学作品依法享有的财产权利和精神权利的总称,主要包括著作权及与著作权有关的邻接权。通常我们说的知识产权主要是指计算机软件著作权和作品登记。

2. 工业产权

工业产权是指工业、商业、农业、林业和其他产业中具有实用经济意义的一种无形财产权,由此看来"产业产权"的名称更为贴切,工业产权主要包括专利权和商标权。

(三)知识产权保护

知识产权制度是激励和运用创新、实现创新价值的重要载体。发达国家为保持其在国际分工中的高端地位,普遍强调知识产权的储备、保护和运用,重视知识产权在技术创新、品牌创新和质量升级中的作用,为此,发达国家纷纷通过立法对知识产权施加保护。

知识产权制度的最早制定者是英国。1623 年英国的《垄断法规》宣布废除封建特许权制度,同时对新技术、新领域的发明与引进做出了类似专利制度的新规定。1709 年《安娜法令》则是一部"旨在授予作者、出版商专有复制权利,以鼓励创作的法规",其目的在于保护和激励人们对创造作品和兴办出版业进行投资。近代英国知识产权法作为一种产业、商业政策和科技、文化政策的有机组成部分,为 18 世纪 70 年代开始的工业革命奠定了重要的制度基础。

20 世纪 80 年代以来,美国对本国的知识产权政策做出了重大调整:在国内建立了促进知识经济发展、科学技术创新的政策体系,注重政策体系中知识产权的规制与导向作用。例如,多次修订完善其专利法,加强对技术产权的保护。除此之外,为激励技术创新,还颁布了《发明人保护法》《技术创新法》;为鼓励成果应用,则制定了《政府资助研发成果商品化法》《技术转让商品化法》等,由此构成了一个涵盖知识产权创造、应用和保护的完整法律制度。

从英美等国的知识产权保护实践可以看出,知识产权保护已成为发达国家规范市场秩序、保护知识产权所有人权益的重要手段。近年来"跨境电商"热度迅速提升,面向欧美发达国家的出口增长迅速,跨境电商出口企业在面对巨大的海外市场时,往往关注了出口量的增长而忽视了相关知识产权侵权风险,导致因知识产权保护产生的纠纷接连发生,不仅给跨境电商出口企业造成损失,而且损害了中国产品在海外市场的形象。

(四)知识产权保护与跨境电商可持续发展

在国内跨境电商刚刚起步时,出口货物中有相当大比例的产品是仿品,随着越来越多的传统外贸企业涉足跨境电商,低价仿品在出口中的比例下降,大量的国产品牌和无牌商品通过跨境电商平台销往国外。跨境电商市场规模的扩大,让知识产权保护问题的重要性凸显出来,因知识产权产生的纠纷也不断涌现。这一方面与跨境电商平台经验不足导致审核失误有关,另一方面也因电商卖家经验不足,在不经意的情况下出售了仿品。在传统国际贸易流程中,国外买家的购买量较大,为了规避知识产权风险,进口商通常都会在交易之前主动进行知识产权调查和风险防范。而在跨境电商流程中,卖家以中小企业为主,个人卖家的数量也呈增长态势,这些群体普遍缺乏规避知识产权风险的意识和专业知识,而国外买家的分散性与临时性也增加了知识产权纠纷发生的概率。

通常情况下,知识产权侵权行为可分为5种,即生产、使用、销售、许诺销售和进出口。在很多知识产权纠纷中,很多卖家并未实际销售侵权产品,但资金仍然被冻结清零,原因就在于卖家发布了图片并告知买家自己"有"买家感兴趣的产品,这样一来就导致侵权行为中"许诺销售"一项得以成立,任何广告和展示的行为都会导致侵权。因此,对于跨境电商卖家而言,需要注意以下几个方面:(1)针对出口量较大的产品,应当进行事前知识产权归属查询,以便对可能的侵权风险加以评估;(2)避免在任何宣传材料中使用与国外知名商标相同的字样;(3)在收到境外海关、检察机关或法院的法律文书后,一定要提出书面异议,并且避免在咨询律师前在任何文本上签字。

随着时代的进步以及我国出口电商市场的快速发展,整个跨境电商行业所面临的监管环境会不断趋紧,知识产权风险也会日渐加剧。这势必会倒逼中国出口企业在知识产权保护、专利保护、品牌化发展方面采取更加积极主动的态度。跨境电商卖家需要提高知识产权保护意识,主动规避知识产权风险。当研发出新产品时,应及时申请版权登记。哪怕是在公司网站、聊天工具等载体上发布图片、销售记录等信息,都需要注意将这些信息截图保存,日后有纠纷时可当作在线使用证据。在我国,专利包括发明专利、实用新型专利、外观设计专利。如申请外观设计专利时,申请人只要向国家知识产权局专利局递交请求书、外观设计图片或照片、外观设计简要说明等必要文件即可,审查合格率较高。

需要特别注意的是,知识产权具有地域性。以专利为例,每个国家对于专利的叫法不同。例如,日本与我国相似,也分发明、实用新型、外观设计3类;美国分发明专利、外观设计专利和植物专利;英国则分发明专利、外观专利。从长期来看,需要在相应国家注册商标,才能保证自己的产品通过海关,一旦碰到投诉也有谈判余地。由于商标具有地域限制,国内商标失效,产品要想推向全球市场,就必须注册国际商标。当然,除了顺利入驻跨境电商平台,进军国际市场,提前注册国际商标的重要功能是起到品牌保护的作用,避免遭遇侵权或恶意抢注,导致品牌形象和商家利益受损。以"海信"商标纠纷为例,西门子公司在德国抢注的"HiSense"商标,与海信的"Hisense"商标只有字母"S"的大小写区别。然而就是这一点差别,导致海信商标主动权被西门子抓住,进入欧洲市场步步受限。

虽然近些年来我国的跨境电商行业发展迅速,但其快速发展的表象背后隐藏着不少问题。尤其是占据卖家主体的中小跨境电商卖家的知识产权风险意识不强,面对巨大的海外市场,中小卖家在实现以价取胜的同时忽略了产品自身所蕴含的知识产权风险。随着中国跨境电商出口规模的持续扩大,欧美跨境电商的主要目标市场国已引起极大关注,知识产权风险骤然增大。因此,中小卖家需要转换思维,从知识产权入手,走品牌化道路。为应对激烈的市场竞争,要选择那些注重产品设计、突出产品特质的企业所生产的产品,从产品源头做起,改变以往单纯依靠价格竞争的模式,提升产品质量,塑造产品品牌,从而使我国跨境电商走上可持续发展的道路。

三、跨境电商物流发展的税收环境

伴随全球电商格局的发展以及购物习惯的变化,越来越多各种规模的零售商发现,海外市场扩张是一个激动人心的过程。然而,在跨境电商扩张到新地区时,要特别注意缴纳所有的增值税(VAT),对于跨境电商的顺利发展而言,其重要性正日渐上升。

(一)VAT 的概念

VAT 是增值税(Value Added Tax)的简称,这是欧盟国家普遍的售后增值税,是指货物售价的利润税。

以英国为例,当货物进入英国,货物须缴纳进口税;当货物销售后,商家可以退回进口增值税(Import VAT),再按销售额缴纳相应的销售税(Sales VAT)。

如果货物出口时没有使用自己的 VAT 号,那么就没有办法享受进口增值税退税。如果被查出借用他人 VAT 或 VAT 号无效的情况,货物可能被扣而无法清关。如果卖家不能提供有效的 VAT 发票给你的海外客户,客户有可能会取消交易。

当前,英国等国的税务部门正在通过多方面渠道严查中国卖家的 VAT 号,亚马逊、eBay 等平台也在逐步要求卖家提交 VAT 号。

(二)英国 VAT 政策

销售增值税和进口税是两个概念,跨境电商在进行跨境交易时需要缴纳这两类税项,即在商品进口到英国海外仓时缴纳过商品的进口税,在商品销售时产生的销售增值税依然需要缴纳。

倘若卖家的产品使用英国本地仓储进行发货,就属于英国的 VAT 增值税应缴范畴,卖家应尽早找到解决方案注册 VAT 号码并申报和缴纳税款,这样就可以合法地使用英国本地仓储发货和销售。

1. VAT 税率

VAT 有三种税率:(1)20％的标准税率(适用于绝大多数商品和服务);(2)5％的低税率(比如家庭用电或者汽油等);(3)0％的税率(适用于极个别情况)。

需要特别指出的是,VAT 号码是唯一的,卖家所使用的海外仓储服务公司不能代缴增值税,卖家也不能使用海外仓储服务的公司或其他个人的 VAT 号码作为自己的增值税账号。

2. 获得英国 VAT 号码

卖家要想获得英国 VAT 号码,可以自行向税务部门申请,也可以通过第三方注册申请,还可以授权给代理人或中介协助注册。

如果卖家在英国没有办公室或者业务机构，也没有居住在英国境内，那么就属于 NETP（非既定应纳税人，Non-established Taxable Person），这时就只能通过邮寄方式申请 VAT 号码。

如果卖家在英国有办公室或居住在英国，那么就可以直接在网上申请 VAT 号码。申请前卖家需要先注册一个 HMRC（英国税务海关总署）的账户，也可以通过邮寄方式申请，将申请表格填写完整后打印签字，邮寄至相关办事处。

3. 注册 VAT 的条件

是否需要注册 VAT 取决于两个条件：第一，欧盟成员国卖家，只要年销售超过 8.1 万英镑（2014/2015 财年）；第二，非欧盟成员国的卖家，只要卖家商品的最后一程投递是从欧盟发出的（如使用欧盟仓储的中国卖家）。只要符合以上任意一个条件，就必须注册 VAT 并按规定申报和缴纳销售税。

英国的海外电商需要注册并按规定申报缴付增值税。即便卖家使用的海外仓储服务是由第三方物流公司提供，也从未在英国当地开设办公室或者聘用当地员工，但因为卖家的产品是从英国境内发货并完成交易的，所以也需要注册并按规定申报缴付增值税。

4. VAT 的季度申报

按照英国相关方面的规定，每个 VAT 税号每 3 个月都需要向税务部门（HMRC）进行一次当季度进口和销售情况的申报，结算当季度该 VAT 下的所有进口税（Import VAT）和销售税（Sales VAT）。VAT＝销售税－进口税，销售税大于进口税则缴纳额外的销售税，反之则退返超出的进口税。

5. 关于 VAT 发票

如果卖家注册了英国增值税号（VAT Number），那么当买家提出开具发票时,卖家必须给对方开具增值税发票(VAT Invoice)。

对于单笔销售超过250英镑的销售发票,每张增值税发票必须显示以下内容:(1)唯一的发票编号,此编号必须(续接之前的发票编号)按顺序排列,如有损坏或取消的发票编号,此发票必须保留,以便在税务官员到访检查时提供给对方。(2)卖家名字/商业名字和地址。(3)卖家增值税号码。(4)开票日期。(5)供货(销售)时间(也称为税点)。(6)买家的名字/商业名字和地址。(7)所售商品/服务的相关描述。(8)如果有任何的现金折扣费率,也需要额外列出。(9)增值税总额需以英镑币种表示。

如果在同一张发票上面包含多种种类的商品,那么此发票必须显示以下内容:(1)每种商品的单价或费率(不含增值税)。(2)每种商品的数量或不同服务的内容。(3)每种商品的增值税税率。(4)应付的商品总金额(不含增值税)。

如果销售额少于250英镑,那么只需要提供以下内容:(1)卖家名字/商业名字和地址。(2)卖家的增值税号码。(3)供货(销售)时间(也称为税点)。(4)所售商品/服务的相关描述。(5)商品的增值税税率。(6)每项对应的VAT税率,实付总额应包括VAT金额和VAT税率。

6. EORI 的含义

EORI是英文Economic Operator Registration and Identification的缩写。该号码是欧盟国家内凡是有经济活动,尤其是有进出口业务的个人或企业必备的一个登记号。不管有没有VAT号,如果卖家要以进口方的名义进口货物到英国,并在之后进行进口税的退税(仅对有VAT号的商家),就必须向海关提交EORI号码。

7. VAT 税务代理

近年来,欧盟加大了税务稽查的力度,在继苹果公司、星巴克之后,欧盟监管机构又对亚马逊公司在卢森堡的税务安排发起了正式调查。一旦发现违规情况,将会封锁亚马逊等跨境电商平台账号,不得销售产品。这种情况使得涉足欧盟市场的公司意识到问题的紧迫性,寻求税务代理服务变得十分迫切。

需要税务代理服务的卖家主要有以下五种。

(1)受欧盟客户要求在欧盟境内以 VMI Hub(Vendor Managed Inventory Hub,供应链库存管理中心)形式存在的,这类企业不需要在欧盟境内申请成立公司,只需申请在仓库所在地的欧盟成员国 VAT 和 EORI 即可。

(2)因自身发展市场需要,考虑在欧盟境内设立机构就近开发市场和服务客户,提供售后服务,如更换零组件或提供消耗材料的企业。

(3)在欧盟已经设有关联公司的中国企业,如实行转让定价避税,容易因为不熟悉当地税法而增加操作风险。

(4)在欧盟成员国内已经是进口批发商的中国企业。

(5)在亚马逊或 eBay 网络平台上,对欧盟消费者进行远程销售的中国卖家。因为根据欧盟增值税税法规定,要求在欧盟境内做仓储发货的境外企业注册当地增值税税号,并且按期申报增值税。

需要特别注意的是,卖家在递交 VAT 税号和 EORI 编码申请时需准备好相关资料,这是因为每个国家的调查进度和限制条件不同,申请时间和费用也各不相同。以德国为例,卖家需提供税务代理合约、授权委托书、完成并签名盖章的德国税务局问卷表格、有效的公司工商登记证影本及其英文翻译本、申请公司在原籍国税务机关有效的税籍(务)登记证明及其英文翻译本、公司组织章程影本及其英文翻译本、公司负责人身份证明文件影本(身份证或护照)。从事远程销售的电商公司,需要提供在德国境内与第三方仓储业者签订的仓储服务合同、申请公司在所申请VAT 税号的国家内的经济活动证明(与德国客户签订的商务合约邮件、进口证明或报价的形式发票等)、一封用以描述申请公司在原籍国的商业活动和预期在德国进行的商务活动的信件、申请公司的银行账户资料、申请 VAT 和 EORI 费用的付款证明(支票或银行汇款水单)等材料。

8. 英国脱欧后的 VAT 政策

英国脱欧后,原来的欧盟内部条约和 EC 销售清单自然就不再适用,其将会被进出口文件所取代,比如 SAD(Single Administrative Document)文件。英国有一半出口的货物是销往欧盟的。这就要求做很多的文件。

站在 VAT 的角度看,英国的公司将可能会失去使用一站式服务(即交易者只需要在欧盟中的一个国家注册而无须注册多个国家)的权利。这样一来,中小企业就会有一定的问题,他们需要每两个月向众多的欧盟国家递交 VAT 申报。统一性问题会导致物流的耽搁和成本的上升。还有区间销售条约,即英国的企业销售物品给欧盟的非企业个体可能会变得无关紧要,而只是在英国境内收取 VAT。

此外,VAT 的税率和英国递交 VAT 的模式也会发生改变。英国 VAT 税率现在是 20%,如果正式脱欧后,英国享有自主权利,可以将税率下调至 17%,如果英国政府急需用 VAT 来刺激经济,同样有自主权将 VAT 下调至 0%,因为在此之后,英国的所有政策举动将不再受到欧盟制约。

(三)关税的征收和计算

1. 世界贸易组织税率

世界贸易组织税率指最惠国税率。订有双边或多边贸易协定的国家采用此税率,最惠国待遇是关税和贸易总协定中的一项重要条款,按此条款规定,缔约国双方相互之间现在和将来所给予第三国在贸易上的优惠、豁免和特权同样给予缔约对方,体现在关税上,即为最惠国税,这种形式的关税减让是互惠的。现在世界贸易组织成员之间的贸易都适用最惠国税率,最惠国税率是正常的税率。一般普惠制以及自贸区的优惠关税都是在 WTO

关税基础上再进行关税减免的。

2. 优惠税率

优惠税率是指对来自特定受惠国的进口货物征收的低于普通税率的优惠税率关税。优惠关税一般是互惠的,通过国际上贸易或关税协定,协定双方相互给予优惠关税待遇;但也有单方面的,给惠国给予受惠国单向的优惠关税待遇,不要求反向优惠,如普惠制下的优惠关税;世界贸易组织实行多边的普遍最惠国优惠关税,任一缔约方给予所有缔约方。

目前优惠关税包括两种:(1)普惠制优惠幅度。普惠制优惠幅度是发达国家向发展中国家提供的一种优惠税率,它是在最惠国税率的基础上进行减免,因而是最低税率,是单向的、非互惠的税率。实施的国家包括欧盟国家以及日本、加拿大、挪威、瑞士、澳大利亚等。(2)自贸区优惠幅度。自贸区优惠幅度是以优惠贸易安排和自由贸易区等形式出现的区域贸易安排,在这些区域内部实行的一种比最惠国税率还要优惠的"优惠制"税率,是世界贸易组织最惠国待遇原则的例外情形之一。实施的国家包括东盟国家、亚太贸易协定国家、巴基斯坦、智利、秘鲁、新西兰等。

(四)美国互联网相关税收法案

美国国会于 1998 年 10 月通过了《互联网免税法》。该法案的主旨并不复杂,只是出于互联网自由的基本想法,或至少应享受免税待遇。秉承此基本思路,该法案主要分为冻结课征某些赋税、不再扩增新型课税权力、筹建研究电商征税的临时委员会、不课征联邦国际网络税 4 个部分。

不难发现,该法律并不适用于通过互联网进行的销售课税,即并没有免除现有税法对互联网销售的适用,然而法律能够给予互联网接入服务暂停征税,虽然这种暂停也包括了给予那些在 1998 年 10 月 1 日之前对互联网接入征税的各州以过渡期的祖父条款。当然这一暂停的无税实际上受制于美国国会日后的决定。

2001 年、2003 年和 2007 年,美国国会不断地对"暂停"进行了延展。

2001 年 10 月 21 日是最初的暂停期的失效日,为了防止其失效后全国各州及地方政府对于网络服务或电商的买卖双方课征离线交易所不负担的歧视性税赋或多重课税,美国众议院于 2001 年 10 月 16 日通过了《互联网税收非歧视法》,将 1998 年以来所冻结的课税期间再延长 2 年,该法案在参议院于同年 11 月 15 日通过。

2003 年,由参议院通过了《2003 年互联网税收非歧视性法》。该法案对《互联网免税法》进行了部分修改,旨在永久性地冻结由《互联网免税法》所施加的互联网接入和对电商的多重歧视性税收,并将互联网免税政策再向后延展至 2007 年 11 月 1 日。

2007 年,在《2003 年互联网税收非歧视性法》到期前夕,美国参议院于 10 月 30 日通过决议,同意将互联网税收豁免期延长到 2014 年。11 月 1 日,美国众议院通过了参议院的一项将互联网免税法案再度延长 4 年的备忘录,使法案的有效期延长至 2014 年 11 月 1 日。同时此次修正限定了网络接入服务的定义,不包括语音、音频或视频节目,或其他产品和服务,即互联网语音协议。

2014 年 7 月 15 日,在免税期即将结束前,美国众议院口头通过了《永久互联网免税法案》。该法案将对电商的互联网接入服务永久免税,从而结束此前《互联网免税法》中的祖父条款,目前仍然有少数州和地方继续对互联网接入服务征收销售税,包括夏威夷州、新墨西哥州、俄亥俄州、得克萨斯州、威斯康星州、北达科他州和南达科他州。

倘若说对互联网接入征税的豁免,其只涉及了很小一部分的州和税收,那么同样在 2014 年 7 月 15 日,美国参议院对《市场与互联网税收公平法案》进行的审议则更引人关注。该法是对 2013 年《市场公平法案》的替代。2013 年法案允许美国各州政府在简化各自纳税法规的前提下,对网络电商企业征收地方销售税。纳税路径为:电商企业向消费者收取消费税,然后电商所在州的州政府向电商企业收取销售税。虽然该法案 2013 年 5 月 6 日获得参议院通过,但在众议院没有获得通过。因此,2014 年参议员迈克尔·恩兹(Michael B. Enzi)等支持提出新的法案,如果该法获得通过,各州将对网络零售业新增 100 万美元的销售税和使用税。而该法也获得了美国众多零售商的支持。

上文所述的两部法案,包括历次的并不涉及通过互联网交易的销售税,换言之,业已存在的销售税如何延伸到互联网领域并不受其约束。而市场公平法在经历挫败之后,以市场与互联网税收公平法为名重新提交审议,在某种程度上一方面反映了美国对互联网课税的保守态度,另一方面也反映了实体经济与网络经济在税收问题上是否公平对待已经引发越来越多的关注。

此外,美国还有两部与互联网相关的法律。2013 年《数字产品和服务税收公平法案》是禁止州或地方政府对于数字商品或服务的电子化销售双重课税或歧视性课税;2013 年《无线网络税收公平法案》则禁止州或地方政府在法案实施后 5 年内对移动服务、移动服务供应商或移动服务财产(如手机)课征新的歧视性税收。

由此可知,美国对互联网征税的发展方向,主要是围绕以下几方面:(1)通过联邦立法《互联网免税法案》永久性豁免对互联网接入方式征税;(2)通过《无线网络税收公平法案》消除对无线网络服务的歧视性税收;(3)通过《数字产品和服务税收公平法案》消除数字化产品的税收歧视;(4)通过《市场与互联网税收公平法案》实现电商与实体经济的公平竞争。

(五)美国的销售税和网络销售税

1. 销售税的含义

美国的销售税是在 19 世纪营业税的基础上演变而来的,其是美国州和地方政府对种类商品及劳务按其销售价格的一定比例所征收的一种税。1921 年,西弗吉尼亚州率先开始征收零售销售税。当时的零售销售税是对一切工商业的销售收入额征收,税率很低。截至目前,美国已有近 50 个州设置了销售税,销售税已成为州政府的主要财政收入来源,占州政府税收的 40% 以上。

销售税主要包括两类:(1)普通销售税。普通销售税以从事工商经营的个人或者企业为纳税人,以出售商品的销售收入或劳务收入为课税对象,采用比例税率。在美国开征普通销售税的州与州之间差异较大。普通销售税以商品或劳务流转的全过程为征税环节,实行从生产到消费每流转一次,就征收一次税的原则。普通销售税的免税范围包括种子、化肥、保险费等。(2)零售销售税。零售销售税亦称特种销售税,是对商品零售环节的零售额所征收的一种税。美国税法规定,零售业者可以在商品售价之外标明应纳税额,作为商品的卖价。这表明,虽然税法规定零售业者是纳税人,但实际上税负一般情况下由购买者自行负担。零售销售税实行差别比例税率,各州规定不尽相同,最高税率达到 10%。但自 2016 年开始,包括芝加哥市在内的库克郡的销售税已达10.25%,为全美最高。

2. 网络销售税

美国参议院于 2013 年通过了《市场公平法案》,自此开始对电商征收销售税。根据美国最高法院 1992 年的判例,对于"一州无经营实体的商业经营者免于征收销售税"。在此之前,亚马逊在美国所有的州销售商品都没有销售税。同样的情况也适用于其他电商,因为他们在有销售税的州并无经营实体。

网购者们都很享受在电商网站上购物,但是网上大部分商品都没有销售税。这是因为较老的法律规定,店铺只对运送到具有配送中心或实体店等实体存在的州的货物缴纳销售税。之所以迟迟没有开征网络销售税的最主要原因在于操作起来过于复杂。目前美国已有近 50 个州征收销售税,而各州销售税法和征收额又有所不同,解决这一问题对企业是个负担。

征收销售税的州通常会依据商品种类,征收不同税率的销售税。对于酒精这样的商品往往会征收高额的销售税,而对日用杂货等商品则可能免税。在一个州内,各市、郡还有权征收额外税种。

在多数已征收销售税的州,人们通过网络、电话或邮件从其他州购买商品需要缴纳使用税。这些州的人在提交纳税材料时,应当对他们购买和支付销售税的每件商品进行记录。很多销售者不知晓这些规定,很多州也表示难以执行这些规定。

(六)美国的进口税"新政"

自 20 世纪 90 年代以来,美国的电商已经发生了巨大的变化,电商在市场中的比例也在增加。因此,美国各州的议员会议指出,线上销售交易额如此庞大却免税,这让州政府流失了 230 亿美元的财政收入。为此,时任美国总统奥巴马签署了一项法案,将美国国民海外进口物品的免税额从原来的 200 美元提高至 800 美元,此法案于 2016 年 3 月 10 日起正式生效。

依据这一新法案,免税额度内无须支付美国进口关税,这有助于降低卖家出口贸易成本,卖家可以销售更多、价值更高的货品到美国市场。

免税额度内无须办理美国进口正式报关手续,减少繁杂的单证流程,加速美国进口海关清关程序及门到门总体转运时间,卖家的货物将以更快的速度到达市场和买家手中,提升了效率,也提高了卖家的账户表现。

四、跨境电商物流发展的文化环境

由于各个国家国情不同、文化各异,跨境电商物流企业在将自己的配送网络拓展到全球市场的过程中,也必须进行本地化的改变。只有充分了解目标国的宗教、文化、习俗,才能较好地融入当地市场,实现业务的顺利开展,提升顾客服务的效果。

（一）文化禁忌

所谓文化禁忌,就是那些因传统习惯或社会风俗等应避免使用的词语或忌讳的行为。比如,在英语国家,数字 13 就是一个禁忌,13 在西方文化中是个主凶的数字,重要活动一般都要避开每月的 13 日。英美国家还把星期五视为凶日。黑色星期五的由来也跟《圣经》有关。如果星期五又碰上"13"日这一天,那就更不吉利了。俄罗斯人不喜欢 666,在他们看来,这是恶魔的感觉。和信仰基督教的西方人一样,俄罗斯人也不喜欢 13 这个数字,不过黑色星期五对他们并没有影响。俄罗斯人还对一些符号比较反感(图 6-1)。

图 6-1　在俄罗斯市场最好不要使用的符号

（二）消费偏好

以俄罗斯为例,近年来,俄罗斯市场在我国跨境电商出口中的地位不断上升,针对俄罗斯市场的跨境电商营销活动越来越多。要提升跨境电商营销效果,就需要对俄罗斯买家的消费偏好有足够的了解。

拿电商页面制作来说,俄罗斯天气寒冷,所以倾向于用蓝色来装饰,同时也会用一些暖色系的颜色,如红色、金黄色。但是他们并不喜欢全页面都被红色覆盖的感觉,他们倾向于用20%左右的红色来装饰页面。并且,红色有一种意义是代表危险,也是比较激进的,适当使用才能带来好的效果,起到点缀作用就好。

此外,俄罗斯人不喜欢产品比较图,他们不需要知道产品使用前后的对比,真实地展现产品就是最好的促销。还有情绪化的图片也要避免使用,比如哭泣的儿童。

相对于其他国家的买家而言,俄罗斯人更喜欢页面里有更多的图片,而不是文字。建议卖家在营销时放更多质量好的大图,这也是当今互联网的趋势,图片能带来更直观的产品展示。

(三)跨境电商消费的文化差异

因民族种族、文化、宗教的差异,世界各国形成了不同的消费文化,这要求跨境电商物流企业不仅需要了解目标市场国家的经济环境和法律环境,而且需要熟悉对方的文化,避免在跨境物流服务中引发争端。

对于很多刚起步的企业而言,它们常常会将中国人的消费习惯套用于其他国家,但实际上,中国的电商业有许多不同于西方的特性。美国有线电视新闻网认为,一部分原因是中国固有的文化行为所致,尤其是中国网购者的消费习惯与西方国家差异较大,主要表现在以下几个方面。

(1)电商网站设计页面。和亚马逊等美国电商网站不同,它们的页面设计简洁美观,而中国电商网站上密密麻麻地遍布着各种文字和图片信息,各种各样的促销活动广告更是让人眼花缭乱,这对不懂中文的美国人来说,就像在看天书一样痛苦。

(2)价格。价格是中国网购者最注重的一项因素,也是现今中国电商竞争的主要手段之一。相较于中国用户,西方国家网购者更注重"时间就是金钱"的概念,消费者愿意额外支付一定的费用,使自己能更早拿到所购物品,这在中国网购消费中并不多见。

当然，一些中国电商已经在强调时间的重要性，并推出了此项服务。而美国电商一般不太打价格战。因为美国网购市场已经较为成熟，用户的选择更为理性，商家也更重视投入产出比，而不仅仅是销量，高速增长的红利期已过，亏本营销也不能带来高速增长。

（3）购物成本。中国的消费者更偏好以价格来判断，比如说更愿意比价、更喜欢促销、倾向于由商家承担运费等。每当有大规模的促销活动时，网站的流量通常上升非常快，体现在线下就是商城会变得异常拥挤。而对于欧洲和美国的消费者而言，购物时则会非常关注自己所付出的"时间成本"，他们更相信"时间就是金钱"，而这一点很多中国消费者在购物时不太考虑。

（4）支付方式。相对于中国网购者青睐的货到付款，国外网购者则更习惯直接进行网上付款。之所以货到付款在中国仍是比较受欢迎的模式，主要是由于购买者对在线支付系统和电商提供商缺乏信任，不过，目前越来越多的中国消费者已开始转向在线支付。

（5）快递。美国电商在购物季期间基本都会提供 3～5 个工作日的免费快递服务，也可在付费前提供更为快捷的两日快递或者一日快递，选择多样。更为重要的是，美国电商的售后服务系统非常健全，很多商家都提供 24 小时售后服务，随时解决各种问题，且无条件接受退货，在购物季期间还提供免费邮寄退货服务，免去顾客的后顾之忧。在美国用卡车进行订单配送，显得更规范。而在中国，卡车配送则难以实现，一是中国居民区的分布特点，使卡车式物流无法完全覆盖，而电动车和摩托车则可抵达城市的每个角落。二是中国的城市拥有密集的人口，送货人员可以很容易地进行上门服务。综合下来，中国的电动车和摩托车式配送更具有成本优势，这一点对于电商的发展很有利。

第二节　我国跨境电商主要的物流方式

一、国际航空物流

1903 年 12 月 17 日，美国莱特兄弟驾驶的"飞行者号"试飞成功，标志着人类进入航空时代。第二次世界大战结束后，随着战争中发展起来的军事技术纷纷转为民用化，战争中经过培训的人员、富余的零部件以及积累的后勤管理经验迅速转化为航空运输业的生产力，带动民用航空运输业进入飞速发展的新时期。

（一）航空运输的基本知识

1. 航线与航班

（1）航线

民航从事运输飞行，必须按照规定的线路进行，这种线路就称作航线。航线包含了很多内容，如飞行方向、飞行高度、航路的宽度、经停地等，目的是维护空中交通秩序，保证飞行安全。

（2）航班

飞机由始发地起飞，按照规定的航线经过经停站至终点站做运输飞行，就叫作航班。为方便组织运输生产，每个航班都按照一定的规律编有不同的号码，以利于区别和管理，这种号码被称为航班号。

2. 航空港

航空港是航空运输的经停点，又称航空站或机场，是供飞机起飞、降落和停放及组织、保障飞机活动的场所。

航空港主要分为三个部分：飞行区、客货运输服务区和机务维修区。飞行区为保证飞机安全起降的区域，内有跑道、滑行道、停机坪和无线电通信导航系统、目视助航设施及其他保障飞行安全的设施，在航空港内占地面积最大。飞行区上空划有净空区，是规定的障碍物限制面以上的空域，地面物体不得超越限制面伸入。限制面根据机场起降飞机的性能确定。客货运输服务区为旅客、货主提供地面服务的区域。主体是候机楼，此外还有客机坪、停车场、进出港道路系统等。货运量较大的航空港还专门设有货运站。客机坪附近配有管线加油系统。机务维修区是飞机维护修理和航空港正常工作所必需的各种机务设施的区域。区内建有维修厂、维修机库、维修机坪和供水、供电、供热、供冷、下水等设施，以及消防站、急救站、储油库、铁路专用线等。

3. 航空器

航空器主要是指飞机。常见的飞机包括螺旋桨式飞机、喷气式飞机和超音速飞机。

伴随着时代的进步和科学技术的发展，无人机被研发出来并应用于国际航空运输领域。跨境电商巨头亚马逊就开发了 Prime Air 无人机递送项目，拟将使用无人机在半小时内向客户递送商品。2016 年 5 月 12 日，在第二届亚洲消费电子展(CES Asia)期间，境内电商巨头京东曝光了正在研发中的两款用来送货的无人机，其中一款无人机体积巨大，外观犹如一架喷气式飞机。这些无人机将被用来解决中国农村地区快递难的问题。按照计划，京东准备在接下来每天能用无人机为 40 万个村庄送货。在 CES 上展出的两款无人机，分别是垂直起降固定翼无人机和三轴六旋翼无人机。前者具有更强的环境适应能力，同时具备航时长、航程远、速度快的优势；后者具有轻量化的机身、更快的速度以及优秀的装载能力。

4. 国际航空组织

(1)国际民用航空组织

国际民用航空组织前身为根据 1919 年《巴黎公约》成立的空中航行国际委员会(ICAO)。由于第二次世界大战对航空器技术发展起到了巨大的推动作用,使得世界上已经形成了一个包括客货运输在内的航线网络,但随之也引起了一系列急需国际社会协商解决的政治上和技术上的问题。因此,在美国政府的邀请下,52个国家于1944年11月1日至12月7日参加了在芝加哥召开的国际会议,签订了《国际民用航空公约》(以下通称《芝加哥公约》),按照公约规定成立了临时国际民航组织(PICAO)。1947年4月4日,《芝加哥公约》正式生效,国际民航组织也随之正式成立,并于5月6日召开了第一次大会。同年5月13日,国际民航组织正式成为联合国的一个专门机构。

国际民用航空组织的宗旨和目的在于发展国际航行的原则和技术,促进国际航空运输的规划和发展,以便实现下列各项目标:第一,确保全世界国际民用航空安全和有秩序地发展;第二,鼓励为和平用途的航空器的设计和操作技术;第三,鼓励发展国际民用航空应用的航路、机场和航行设施;第四,满足世界人民对安全、正常、有效和经济的航空运输的需要;第五,防止因不合理的竞争而造成经济上的浪费;第六,保证缔约各国的权利充分受到尊重,每一缔约国均有经营国际空运企业的公平的机会;第七,避免缔约各国之间的差别待遇;第八,促进国际航行的飞行安全;第九,普遍促进国际民用航空在各方面的发展。

(2)国际航空运输协会

国际航空运输协会是一个由世界各国航空公司所组成的大型国际组织,其前身是1919年在海牙成立并在第二次世界大战时解体的国际航空业务协会,总部设在加拿大的蒙特利尔,执行机构设在日内瓦。和监管航空安全和航行规则的国际民航组织相比,它更像是一个由承运人(航空公司)组成的国际协调组织,管理在民航运输中出现的诸如票价、危险品运输等问题。

国际航空运输协会的宗旨是为了世界人民的利益,促进安全、正常和经济的航空运输,扶植航空交通,并研究与此有关的问题;对于直接或间接从事国际航空运输工作的各空运企业提供合作的途径;与国际民航组织及其他国际组织协力合作。

(3)国际货运代理协会联合会

国际货运代理协会联合会是一个非营利性国际货运代理的行业组织。该会于 1926 年 5 月 31 日在奥地利维也纳成立,总部设在瑞士苏黎世,并分别在欧洲、美洲和太平洋、非洲、中东设立了地区办事处,任命有地区主席。其目的是保障和提高国际货运代理在全球的利益。该联合会是一个在世界范围内运输领域最大的非政府和非营利性组织,具有广泛的国际影响,其成员遍布世界各国的国际货运代理行业,拥有 76 个一般会员、1751 个联系会员,遍布 124 个国家和地区,包括 3500 个国际货运代理公司。

(二)国际航空运输方式

1. 班机运输

班机运输是指在固定航线上定期航行的航班。班机运输有固定的始发站、经停站和到达站。按照业务对象的不同,班机运输可分为客运航班和货运航班。

班机运输的优势在于可预期性强,对跨境物流运输构成保障。班机运输不仅航期固定,收费标准也相对固定,便于跨境物流的时间评估和成本核算,合同的履行较有保障。尤其是伴随航空公司地面服务水平的提升和航班准点率的提升,班机运输已成为全球价值链贸易中中间产品和分拨产品的重要运输方式。

当然,班机运输也存在局限性。不同季节、不同航线的货运量会存在差异,会对运输成本和运输效率提出挑战。

2. 包机运输

班机运输时货物仓容受限,因此,当货物量较大时,包机运输就成为比较经济的方式。包机运输可分为整机包机和部分包机。

整机包机是指航空公司或代理公司按照合同中双方事先约定的条件和运价将整架飞机租给租机人,从一个或几个航空港装运货物至指定目的地的运输方式。部分包机是指由几家航空货运代理公司或发货人联合包租一架飞机,或者航空公司将仓位分别卖给航空货运代理公司的货物运输方式。

包机运输的优势是在满足大批量货物跨境物流需要的同时,降低了物流运输的成本,而且,包机运输可以由承租双方协商确定航程的起止点和经停点,赋予跨境物流更大的灵活性。包机运输存在的问题是,当货物比较分散时,会面临一定的等待时间,而且,当起止地物流需求不对称时,会存在回程空放的风险。

3. 集中托运

集中托运是指集中托运人将若干批单独发运的货物组成一整批,向航空公司办理托运,采用一份航空总运单集中发运到同一目的地,由集中托运人在目的地指定的代理收货,再根据集中托运人签发的航空分运单分拨给各实际收货人的运输方式,也是航空货物运输中使用最为广泛的一种运输方式。

集中托运人承担的是货物的全程运输责任,在运输中扮演双重角色。在面对各发货人时,集中托运人扮演的是承运人的角色,而当面对航空公司时,集中托运人扮演的是集中托运的一整批货物的托运人。

与其他托运方式相比,集中托运的优势在于发挥了规模经济的效用。由于航空运费的费率随托运货物数量的增加而降低,因此,当集中托运人将分散的小包货物组成一整批出运时,可以争取更为低廉的费率。集中托运还可以发挥集中托运人的专业能力。集中托运人可以提供完善的地面服务网络、更高水平的服务质量,提高跨境物流的顾客体验水平。集中托运下,航空公司的主运单与集中托运人的分运单效力相同,可提前办理结汇,有助于加快资金周转。

(三)航空运单

1. 航空运单的性质与作用

航空运单是由承运人或其代理人签发的重要货物运输单据,

是承托双方的运输合同，其内容对双方均有约束力。

（1）航空运单是发货人与航空承运人之间的运输合同

与海运提单不同，航空运单不仅证明航空运输合同的存在，而且航空运单本身就是发货人与航空运输承运人之间缔结的货物运输合同，在双方共同签署后产生效力，并在货物到达目的地交付给运单上所记载的收货人后失效。

（2）航空运单是承运人签发的已接收货物的证明

航空运单也是货物收据，在发货人将货物发运后，承运人或其代理人就会将其中一份交给发货人（即发货人联），作为已经接收货物的证明。除非另外注明，它是承运人收到货物并在良好条件下装运的证明。

（3）航空运单是承运人据以核收运费的账单

航空运单分别记载着属于收货人负担的费用，属于应支付给承运人的费用和应支付给代理人的费用，并详细列明费用的种类、金额，因此，可作为运费账单和发票。承运人往往也将其中的承运人联作为记账凭证。

（4）航空运单是报关单证之一

出口时航空运单是报关单证之一。在货物到达目的地机场进行进口报关时，航空运单也通常是海关查验放行的基本单证。

（5）航空运单是承运人内部业务的依据

航空运单随货同行，证明了货物的身份。运单上载有有关该票货物发送、转运、交付的事项，承运人会据此对货物的运输做出相应安排。

航空运单的正本一式三份，每份都印有背面条款，第一份交发货人，是承运人或其代理人接收货物的依据；第二份由承运人留存，作为记账凭证；第三份随货同行，在货物到达目的地，交付给收货人时作为核收货物的依据。

（6）航空运单同时可作为保险证书

如果承运人承办保险或发货人要求承运人代办保险，则航空运单也可用来作为保险证书。

2. 航空运单的分类

(1)主运单

凡由航空运输公司签发的航空运单称为主运单。它是航空运输公司据以办理货物运输和交付的依据,是航空公司和托运人订立的运输合同,每一批航空运输的货物都有自己相对应的航空主运单。

(2)分运单

集中托运人在办理集中托运业务时签发的航空运单被称作航空分运单。在集中托运的情况下,除了航空运输公司签发主运单外,集中托运人还要签发航空分运单。航空分运单作为集中托运人与托运人之间的货物运输合同,合同双方分别为货主和集中托运人,而航空主运单作为航空运输公司与集中托运人之间的货物运输合同,当事人则为集中托运人和航空运输公司。货主与航空运输公司之间没有直接的契约关系。

(四)航空运费

1. 公布的直达运价

(1)普通货物运价

普通货物运价又被称作一般货物运价,其是为一般货物制定的,仅适用于计收一般普通货物的运价,是航空货物运输中使用最为广泛的一种运价。任一(除含有贵重元素之外)按普通货物运价收取运费的货物,称普通货物或一般货物。

一般情况下,各航空公司公布的普通货物运价针对所承运货物数量的不同,规定了几个计费重量分界点。最常见的是以45千克为重量分界点,将普通货物运价分为45千克以下的普通货物运价,运价类别代号为 N,以及 45 千克和 45 千克以上的普通货物运价,运价类别代号为 Q。45 千克以上的普通货物运价低于

45 千克以下的普通货物运价。另外,根据航线货流量的不同,为了吸引更多的货载,世界上许多地区的航空公司对更高的重量点又进一步公布更低的运价,如 100 千克、200 千克、300 千克、500 千克甚至 1000 千克和 1500 千克等各档运价。所托运的货物越多,则每千克收取的运价越低。

通常情况下,普通货物的运费是以货物的实际毛重量或体积重量乘以相对应的重量等级的运价计得的。但由于对较高的重量等级提供较低的运价,很容易出现一些矛盾。有可能出现一批40 千克重的货物按 45 千克以下的普通货物运价所计收的运费,反而高于一批 45 千克重的货物按 45 千克以上的一般货物运价所计收的运费的现象。因此,航空公司规定对航空运输的货物除了要比较其实际的毛重和体积重量并以高的为计费重量以外,如果使用较高的计费重量分界点计算出的运费更低,则也可使用较高的计费重量分界点的费率,此时货物的计费重量为较高计费重量分界点的最低运量。

(2)特种货物运价

特种货物运价通常是承运人根据在某一航线上经常运输某一类货物的托运人的请求或未促进某地区间某一种类货物的运输,经国际航空运输协会同意所提供的优惠运价。

国际航空运输协会公布特种货物运价时将货物划分为以下类型:①食用动物和植物产品;②活动物和非食用动物及植物产品;③纺织品、纤维及其制品;④金属及其制品,但不包括机械、车辆和电器设备;⑤机械、车辆和电器设备;⑥非金属矿物质及其制品;⑦化工品及相关产品;⑧纸张、芦苇、橡胶和木材制品;⑨科学和精密仪器、器械及配件;⑩其他货物。

由于承运人制定特种运价的初衷在于使运价更具竞争力,吸引更多的客户适用航空货运的形式,使航空公司的运力得到充分利用,因此,特种货物运价比普通货物运价要低。故而,适用特种货物运价除了要满足航线和货物种类的要求之外,还必须达到承运人规定的起码运量(如 100 公斤)。如果运量不足,而托运人又希望适用特种运价,那么货物的计费重量就以规定的起码运量为准,该批次货物的运费就是计费重量(这里就是起码运量)与所适用的特种货物运价的乘积。

(3)等级货物运价

等级货物运价适用于指定地区内部或地区之间的少数货物运输,通常表示为在普通货物运价基础上增加或减少一定的百分比。

适用等级货物运价的货物包括:活动物、活动物的集装箱或笼子;贵重物品;尸体或骨灰;报纸、书籍、商品目录、盲人和聋哑人专用设备;作为货物托运的行李。

(4)起码运费

起码运费是航空公司承运一批货物所能接受的最低运费,不论货物的重量或体积大小,在两点之间运输一批货物应收取的最低金额。起码运费的类别代号为 M。它是由航空公司在考虑办理一批货物,即使是一批很少的货物,所必须产生的固定费用而制定的。一批货物运费的计算,是使用货物的计费重量乘以所适用的运价,不管使用哪一种运价,所计算出来的运费都不能低于公布的起码运费。当计算出的运费少于起码运费时,则以起码运费计收。

2. 非公布的直达运价

如果甲地至乙地没有可适用的公布的直达运价,则要选择比例运价或利用分段相加运价。

(1)比例运价

在运价手册上除公布的直达运价之外,还公布了一种不能单独适用的附加数。当货物的始发地或目的地无公布的直达运价时,可采用比例运价与已知的公布的直达运价相加,构成非公布的直达运价。在适用比例运价时,普通货物运价的比例运价只能与普通货物运价相加,特种货物运价、集装设备的比例运价也只能与同类型的直达运价相加,不能混用。

（2）分段相加运价

分段相加运价是指在两地间既没有直达运价也无法利用比例运价时可以在始发地与目的地之间选择合适的计算点，分别找到始发地至该点、该点至目的地的运价，两段相加组成全程的最低运价。

不管是比例运价还是分段相加运价，中间计算点的选择，也就是不同航线的选择将直接关系到计算出来的两地之间的运价，因此，承运人允许发货人在正确使用的前提下，以不同计算结果中的最低值作为该货物适用的航空运价。

3. 航空附加费

（1）声明价值费

与海运或铁路运输的承运人一样，航空承运人同样要求将自己对货方的责任限制在一定的范围之内，以控制经营风险。货物的声明价值费的收取依据是货物的实际毛重，计算公式为：

声明价值费＝（货物价值－货物毛重×20 美元/千克）×声明价值费率

声明价值费率通常为 0.5%。大多数航空公司在规定声明价值费率的同时还规定声明价值费的最低收费标准。如果根据上述公式计算而来的声明价值费低于航空公司的最低标准，则托运人需要按照航空公司的最低标准缴纳声明价值费。

（2）其他附加费

其他附加费包括制单费、货到付款附加费、提货费等，一般只有在承运人或航空货运代理人或集中托运人提供服务时才收取。

二、国际邮政物流

邮政运输，是指通过邮局寄交进出口货物的一种运输方式。邮政运输比较简便，只要卖方根据买卖合同中双方约定的条件和邮局的有关规定，向邮局办理寄送包裹手续，付清邮费，取得收据,就算完成交货任务。

(一)香港邮政小包

香港邮政小包又被称作香港邮政国际航空小包,普遍通称"香港小包"或者"航空小包",是中国香港地区邮政针对小件物品而设计的空邮产品,包含挂号和平邮两种服务产品,特别适合跨境电商卖家邮寄重量轻且体积较小的物品。

1. 优势

(1)成本低

相对于其他运输方式(尤其是国际航空快递)而言,香港邮政小包服务具有绝对的价格优势。采用这种物流方案可最大限度地降低物流成本,提升价格竞争力。

(2)全球化

香港邮政小包可以把商品送达全球几乎任一国家(地区)的买家手中,只要有邮局的地方都可以送达,大大拓宽了跨境电商物流服务的对象和范围。

(3)简便性

香港邮政小包交寄方便,且计费方式统一,不计首重和续重,大大简化了运费核算与成本控制。

2. 价格

香港邮政小包的平邮价格为每千克 72 元。如果一件货物的重量为 50 克,那么平邮运费的价格就是 $0.05 \times 72 = 3.6$(元)。香港邮政挂号小包的运费为每千克 95 元,外加每件 13 元的挂号费。如果一件货物的重量为 50 克,那么挂号小包的运费就是 $0.05 \times 95 + 13 = 17.75$(元)。

3. 时效和运送范围

香港邮政小包的送达时间一般为 5～15 天。从运送范围看,香港邮政小包几乎可以到达全球任何一个国家或地区。

4. 可寄送的货物范围

香港邮政小包可寄送的货物范围包括重量在 2 千克以内、外包装长宽高之和小于 90 厘米、最长边小于 60 厘米的货物。一般 eBay 卖家所销售的电子产品、饰品、配件、服装、工艺品都可以采用此种方式来发货。此外，香港邮政小包的寄货要求既可以在香港邮政的官网上查询，又可以在目的国的邮政官网上查询。

5. 禁运物品

第一，危险品。主要指由货物本身的物理、化学性质所决定，在运输过程中会对运输人身安全造成威胁的物品。如酸性物质、生化制品、毒性物质、麻醉品、化肥、汽油类、液体类、油漆、放射物质等。第二，运输风险大的物品。指的是货物本身的物理、化学性质对运输人身安全不造成任何威胁，但由于运输的方式会造成货物本身的危险，如丢失、损坏而给委托人或承运人造成重大损失物品，如空白发票、现金、贵重物品、珠宝、邮票、股票证券等。第三，国家明令禁止运输的物品，如色情物品、武器等。第四，仿牌、侵权产品。

(二) 中国邮政小包

中国邮政航空小包又称中国邮政小包、邮政小包、航空小包，是指包裹重量在 2 千克以内，外包装长宽高之和小于 90 厘米，且最长边小于 60 厘米，通过邮政空邮服务寄往境外的小邮包。它包含挂号、平邮两种服务，可寄达全球各个邮政网点。

1. 中国邮政平常小包

中国邮政平常小包是中国邮政针对订单金额 7 美元以下、重量 2 千克以下的小件物品推出的空邮产品，运送范围可达全球 216 个国家及地区。

（1）物流方案介绍

①服务便捷

中国邮政平常小包线上发货旨在为线上卖家提供更加便捷的国际小包服务，卖家可以在线下单、打印面单后直接由邮政上门揽收或将邮件交付中国邮政的集货仓，即可享受快捷、便利的国际小包服务。

②价格及派送范围

中国邮政平常小包不需要挂号费，适合货值低、重量轻的物品（仅 7 美元以下订单可使用中国邮政平常小包发货），派送范围为全球 216 个国家及地区。

③物流信息查询

中国邮政平常小包提供境内段邮件的收寄、封发、计划交航等信息，平台网规认可使用（部分集货仓发往某些国家不能提供这三个节点信息）。

④交寄便利

北京、上海、深圳、广州、佛山、中山、汕头、东莞、杭州、金华、宁波、义乌、温州、南京、苏州、无锡、南通、泰州、福州、厦门、泉州、漳州、合肥、南昌、武汉、成都、郑州、长沙、重庆、青岛、天津、晋江、石狮、龙岩、莆田、烟台、威海、江门、保定、葫芦岛、许昌、南宁、昆明提供上门揽收服务，非揽收区域卖家可自行寄送至集运仓库。

⑤赔付保障

境内段邮件丢失或损毁时中国邮政提供赔偿，商家可在线发起投诉，投诉成立后最快 5 个工作日完成赔付。

（2）时效

①正常情况：16～35 天到达目的地。

②特殊情况：35～60 天到达目的地，特殊情况包括节假日、政策调整、偏远地区等。

（3）重量体积限制和寄送限制

中国邮政平常小包的重量体积限制见表 6-1。

表6-1　中国邮政平常小包的重量体积限制

包裹形状	重量限制	最大体积限制	最小体积限制
方形包裹	小于2千克（不包含）	长＋宽＋高≤90厘米 单边长度≤60厘米	至少有一面的长度≥14厘米，宽度≥9厘米
圆柱形包裹		2倍直径及长度之和≤104厘米，单边长度≤90厘米	2倍直径及长度之和≥17厘米，单边长度≥10厘米

中国邮政平常小包的货物寄送限制包括:违禁品和电池。其中,特别规定不能寄送电子产品,如手机、平板电脑等带电池的物品,或纯电池(含纽扣电池)。任何可重复使用的充电电池,如锂电池、内置电池、笔记本长电池、蓄电池、高容量电池等,均无法通过机场货运安检。

2.中国邮政挂号小包

中国邮政挂号小包是中国邮政针对2千克以下小件物品推出的空邮产品,运送范围为全球216个国家及地区。

(1)物流方案介绍

①服务便捷

中国邮政挂号小包线上发货旨在为线上卖家提供更为便捷的国际小包服务,卖家可以在线下单、打印面单后直接由邮政上门揽收或将邮件交付中国邮政的集货仓,即可享受快捷、便利的国际小包服务。

②派送范围

中国邮政挂号小包物流方案的服务范围是全球216个国家及地区。

③物流信息查询渠道

中国邮政挂号小包物流方案提供全程跟踪查询服务(特殊国家除外)。

④交寄便利

北京、上海、深圳、广州、佛山、中山、汕头、东莞、杭州、金华、宁波、义乌、温州、南京、苏州、无锡、南通、泰州、福州、厦门、泉州、漳州、合肥、南昌、武汉、成都、郑州、长沙、重庆、青岛、天津、晋江、石狮、龙岩、莆田、烟台、威海、江门、保定、葫芦岛、许昌、南宁、昆明提供上门揽收服务,非揽收区域卖家可自行寄送至集运仓库。

⑤赔付保障

邮件丢失或损毁时由中国邮政提供赔偿,商家可在线发起投诉,投诉成立后最快5个工作日完成赔付。

(2)时效

①正常情况:16～35天可到达目的地。

②特殊情况:35～60天可到达目的地,特殊情况包括节假日、政策调整、偏远地区等。物流商承诺包裹自揽收或签收成功起60天(巴西90天)内必达(不可抗力及海关验关除外),因物流商原因在承诺时间内未妥投而引起的限时达纠纷赔款,由物流商承担。

(3)重量体积限制和寄送限制

中国邮政挂号小包的重量体积限制见表6-2。

表6-2 中国邮政挂号小包的重量体积限制

包裹形状	重量限制	最大体积限制	最小体积限制
方形包裹	小于2千克(不包含)	长+宽+高≤90厘米 单边长度≤60厘米	至少有一面的长度≥14厘米,宽度≥9厘米
圆柱形包裹		2倍直径及长度之和≤104厘米,单边长度≤90厘米	2倍直径及长度之和≥17厘米,单边长度≥10厘米

中国邮政挂号小包的货物寄送限制包括:违禁品和电池。其中,不能寄送电子产品如手机、平板电脑等带电池的物品,或纯电池(含纽扣电池)。任何可重复使用的充电电池,如锂电池、内置电池、笔记本长电池、蓄电池、高容量电池等,均无法通过机场货运安检。

3. 国际 e 邮宝

国际 e 邮宝业务是中国邮政速递物流通过与境外邮政和主要电商平台合作推出的国际轻小件寄递服务，适应跨境电商轻小件寄递市场的需求。

（1）产品限重和尺寸规格

国际 e 邮宝限重 2 千克。单件最大尺寸长、宽、厚合计不超过 90 厘米，最长一边不超过 60 厘米。圆卷邮件直径的两倍和长度合计不超过 104 厘米，长度不得超过 90 厘米；单件最小尺寸：长度不小于 14 厘米，宽度不小于 11 厘米。圆卷邮件直径的两倍和长度合计不小于 17 厘米，长度不小于 11 厘米。

（2）产品特点

国际 e 邮宝在中国境内使用 EMS 网络进行发运；出口至境外邮政后，寄达国邮政将通过其境内轻小件网投递邮件，提供邮件实时跟踪查询服务，时效稳定有保障。

（3）参考时限

国际 e 邮宝主要路向时限标准为 7～10 个工作日，沙特、乌克兰、俄罗斯路向一般为 7～15 个工作日。

（4）路向

国际 e 邮宝已开通的路向有美国、英国、澳大利亚、加拿大、法国、俄罗斯、乌克兰、以色列、挪威，即将开通的路向有巴西、德国、荷兰。

（5）客户操作

客户可以通过平台网站（如 eBay、速卖通、敦煌网等）提供的寄递工具或者邮政速递物流在线发运系统（http://shipping.ems.com.cn）选择国际 e 邮宝业务，即可在线填写收寄件人信息及报关信息，在线生成邮件号码并打印邮件标签、发送揽收请求，并能获得邮件实时跟踪、收寄资费和重量信息主动反馈等服务。

（6）邮件交寄

客户可以在发运系统选择上门揽收，或自行送到邮政速递物流揽收网点,或拨打 11183 客服热线联系上门揽收。目前西部地区省会城市、东部和中部大部分城市均可办理国际 e 邮宝业务。

(7)跟踪查询

客户可以在平台网站的账户内查看到邮件的跟踪状态,或登录速递物流网站(www.ems.com.cn)、国际在线发运系统、寄达邮政网站查询,也可拨打全国统一客户服务电话 11183 进行查询。

国际 e 邮宝暂不接受查单和其他形式的查询和延误、破损、丢失补偿。对于无法投递或收件人拒收邮件,提供集中退件服务;由于和境外邮政信息交换存在时间滞后可能性,建议卖家境内信息以邮政速递物流网站为准,境外信息以境外邮政网站信息为准。

(8)退件服务

第一,对于出口时安检或海关退回邮件,将退回寄件人。

第二,国际 e 邮宝不提供个性化退货服务,美国邮政定期将邮件汇总退回中国,由中国邮政投递给客户。

第三,目前退运货件不收费。

(三)4PX 新邮挂号小包

4PX 新邮挂号小包专线是由新加坡邮政在中国的代理——递四方速递公司针对 2 千克以下小件物品推出的空邮产品,可发带电商品,运送范围为全球。

1. 物流方案特点

(1)收货范围广。对收货的限制要求较少,可发带电商品。(2)时效快。中国香港直航至新加坡邮政,再由新加坡转寄到全球多个国家。(3)派送范围广。派送范围十分广泛,覆盖全球 238个国家及地区。(4)物流信息可查询。提供境内段交接,包裹经从新加坡发出及目的国妥投等跟踪信息。(5)交寄便利。深圳、义乌、上海、广州、厦门提供上门揽收服务,非揽收区域卖家可自行寄送至集运仓库。(6)赔付有保障。邮件丢失或损毁提供赔偿,商家可在线发起投诉,投诉成立后最快 5 个工作日完成赔付。

2. 时效

(1)预计时效。正常情况下可在 16~35 天到达目的地,特殊情况除外(包括但不限于不可抗力、海关查验、政策调整以及节假日等)。(2)承诺时效。物流商承诺包裹自揽收或签收成功起 60 天(巴西 90 天)内必达(不可抗力除外),因物流商原因在承诺时间内未妥投而引起的纠纷赔款,由物流商承担赔偿责任。

3. 物流信息查询

(1)物流详情可追踪节点。4PX 新邮挂号小包提供境内段交接、包裹经从新加坡发出及目的国妥投等跟踪信息。(2)物流详情查询平台。物流查询平台有以下几类:速卖通平台订单页面,菜鸟官方物流追踪网站 http://global.cainiao.com/,递四方官网 http://express.4px.com/,新加坡邮政官网 http://beta.singpost.corrd。

4. 寄送限制

具体寄送限制的规定见表 6-3。

表 6-3　4PX 新邮挂号小包的重量体积限制

包裹形状	重量限制	最大体积限制	最小体积限制
方形包裹	小于 2 千克(不包含)	长+宽+高≤90 厘米 单边长度≤60 厘米	表面尺码≥9 厘米×14 厘米
圆柱形包裹		2 倍直径及长度之和≤104 厘米,单边长度≤90 厘米	2 倍直径及长度之和≥17 厘米,单边长度≥10 厘米

除了重量体积限制以外,4PX 新邮挂号小包还对寄送的货物进行了限制。常见退回物品见表 6-4。

表6-4 常见退回物品

爆炸物	鞭炮、炸药(含黑火药)、雷管、烟花、导火线等
气体	气雾剂、瓦斯气瓶、气体打火机、液态氯等
易燃液体	汽油、油漆、印刷墨、香料、灯油、酒精、黏合剂、双氧水等
易燃固体	磷、石棉、安全火柴、硝纤象牙、硫黄、活性炭等
氧化物和有机过氧化物	碘、乒乓球、化学氧气发生器、过氧化水素水等
毒性和传染性物品	血样、毒品、杀虫杀菌剂、染料、医药品、细菌、砒霜等
放射性物质	空容器、带放射性物质、输送物表面最大线量率 5uSv/h 以下等
腐蚀物	酸类、碱类、蓄电池(内含电池夜物质)、双氧水等
其他危险品	干冰、安全气袋、磁性物质(电子喇叭、音响)、部分化妆品等
液体	矿泉水、食用油、啫喱水、香水、口服液等

5. 退件说明

(1)境内段退回

①退件类型

第一,库内退回件。转运仓发现破损而拒收的包裹;违禁品的包裹;超大、超重包裹。第二,安检不过退回件。被邮政或机场安检退回。第三,海关查验退回件。被海关退回的含违禁物品的包裹。

②物流运费退回标准

第一,库内退件,运费全部退回。第二,包裹不能通过相关安检(如邮政、航空安检)被退回的,运费全部退回。航空安检之后发生的退回,运费及挂号费不退。第三,凡货物被航空公司因安检不通过、海关查验不通过而没收或销毁,不退运费,不赔偿货物损失。

③境内段退回件处理

第一,库内退回件,物流商会线下联系卖家,安排退回。揽收的货物由物流商司机退回卖家。卖家自寄的货物由物流商通过境内快递或其他物流方式退运给卖家,境内物流费用由平台承担。第二,航空安检退回件,物流商会线下联系卖家,通过境内快递或其他物流方式退运给卖家,境内物流费用由平台承担。第三,海关查验退回件,物流商会线下联系卖家,通过境内快递或其他物流方式退运给卖家,境内物流费用由平台承担。

(2)境外段退件

①因退件服务升级,自 2016 年 1 月 1 日起创建的物流订单,按照新的境外段退件流程处理。

第一,卖家在创建物流订单时需要选择弃货或退回。

弃货:如果卖家选择弃货,免费销毁。

退回:如果卖家选择退回,免费退回至卖家提供的退回地址。

第二,退回的运费收费标准如下。

包裹从目的地退回卖家提供的境内退回地址免费。如因卖家原因产生的关税、仓储费等其他费用,需卖家承担。卖家需在收到退回件通知的 7 个工作日内支付费用至收款账户,并提供退回地址,否则将作为弃货销毁处理。

②2016 年 1 月 1 日之前创建的物流订单,按照以下退件服务升级之前的海外段退件流程处理。

第一,若因任何非物流公司造成的异常情况,导致货物无法顺利配送到境外买家或境外买家不接收货物,卖家可以选择弃货或退回境内。

弃货:包裹将做灭失处理,卖家无须支付任何费用。

退回:物流商与卖家协商一致并收取退回运费后安排新加坡EMS 退回。

第二,退回的运费收费标准如下。

包裹从目的国退回新加坡免费。从新加坡到深圳的 EMS 运费,按照 RMB57/千克收取。若卖家选择退回境内,但在包裹退回递四方深圳仓后确认弃货,卖家仍需向物流商支付从新加坡到深圳的 EMS 运费。

(四)"速优宝"芬邮挂号小包

"速优宝"芬邮挂号小包是由速卖通和芬兰邮政针对 2 千克以下小件物品推出的特快物流产品,派送范围为俄罗斯、白俄罗斯全境邮局可到达的区域。

1. 物流方案特点

(1)时效快。芬兰邮政与俄罗斯、白俄罗斯邮政合作快速通关,快速分拨派送,在正常情况下俄罗斯境内的派送时间不超过 35 天。(2)派送范围广。"速优宝"芬邮挂号小包的派送范围为俄罗斯、白俄罗斯全境内邮局可到达的区域。(3)物流信息可查询。"速优宝"芬邮挂号小包提供境内段交航,包裹经从中国香港发出及目的国妥投等跟踪信息。(4)交寄便利。深圳、广州、义乌、金华、杭州、上海、苏州、无锡、北京、宁波、温州提供上门揽收服务,非揽收区域卖家可自行寄送至集运仓库。(5)赔付有保障。包裹自揽收或签收成功起 35 天内妥投至买家地址对应的邮局,因物流商的原因在承诺时间内未妥投而引起的速卖通平台限时达纠纷赔款,由物流商承担赔偿责任(按照订单在速卖通平台上的实际成交价赔偿,最高不超过 300 元人民币)。

2. 时效

(1)预计时效。正常情况下 16~35 天到达目的地,特殊情况除外(包括但不限于不可抗力、海关查验、政策调整以及节假日等)。(2)承诺时效。物流商承诺包裹自揽收或签收成功起 35 天内必达(不可抗力除外),因物流商原因在承诺时间内未妥投而引起的速卖通平台限时达纠纷赔款,由物流商承担赔偿责任(按照订单在速卖通的实际成交价赔偿,最高不超过 300 元人民币)。

3. 物流信息查询

(1)物流详情可追踪节点。"速优宝"芬邮挂号小包提供境内段交航,包裹经从中国香港发出及目的国妥投等跟踪信息。(2)物流详情查询平台。物流查询平台有以下几类:速卖通平台订单页面,菜鸟官方物流追踪网站 http://global.cainiao.com/,俄罗斯邮政官网:http://pochta.ru/tracking,白俄罗斯邮政官网:http://www.belpost.by/。

4.寄送限制

"速优宝"芬邮挂号小包的重量体积限制见表6-5。

表6-5 "速优宝"芬邮挂号小包的重量体积限制

包裹形状	重量限制	最大体积限制	最小体积限制
方形包裹	小于2千克 (不包含)	长+宽+高≤90厘米 单边长度≤60厘米	至少有一面的长度≥14厘米,宽度≥9厘米
圆柱形包裹		2倍直径及长度之和≤104厘米,单边长度≤90厘米	2倍直径及长度之和≥17厘米,单边长度≥10厘米

除了重量体积限制以外,"速优宝"芬邮挂号小包还对寄送的货物进行了其他限制。

(1)订单价值限制

2016年4月14日起,白俄罗斯海关对邮包的征税基数为22欧元,一个自然月内的白俄罗斯收件人邮包累计价值不超过22欧元,且该月累计的邮包重量不超过10千克,将可以免税。超过22欧元的部分征税率为30%,超出的重量将征收不少于4欧元/千克的费用。如果订单价值超过22欧元或重量超过10千克,白俄罗斯海关将联系买家支付税费。如果买家补缴税费,那么白俄罗斯邮政将继续派送该包裹,而如果买家拒绝支付税费,那么白俄罗斯邮政将在30天之后把包裹按照"无法投递的包裹"进行退件处理。

(2)货物寄送限制

①违禁品不能发运。

②电池寄送限制。不能寄送电子产品如手机、平板电脑等带电池的物品,或纯电池(含纽扣电池)。

③其他退回物品包括以下几种。

第一,食品,包括茶叶、方便面等。

第二,化妆品,包括粉饼、油、口红、睫毛膏等。

第三,所有药品。

第四,电子产品,含 U 盘、USB Hub、充电器、充电宝、电机、带电池(含纽扣电池)电子产品(电子手表如未被海关抽检到可通过)。

第五,所有刀具,含管制刀具、血刺等。

第六,赌场筹码、万磁火柴、键盘清洁泥、3D 镜片、带灯的眼镜、熨头棒(内含锂电池)、红外线仪、带电池望远镜或镜片太厚打不透、同包装内含粘胶或数量过多成盒装的水钻、手机贴、指甲贴、灯泡等、一包内多个或含电池的灯泡、LED 灯等、带电池可不接电使用的灯等。

5. 退件说明

(1)境内段退回

①退件类型

第一,库内退回件。转运仓内发现的破损而拒收的包裹;违禁品的包裹;超大、超重包裹。第二,安检不过退回件。被邮政或机场安检退回的包裹。第三,海关查验退回件。被海关退回的包含违禁物品的包裹。

②物流运费退回标准

库内退件所涉及的运费全部退回。包裹不能通过相关安检(如邮政、航空)被退回的,运费全部退回。航空安检之后发生的退回,运费及挂号费不退。凡货物被航空公司因安检不通过、海关查验不通过而没收或销毁,不退运费,不赔偿货物损失。

③境内段退回件处理

第一,出现库内退回件时,物流商会线下联系卖家,安排退回。揽收的货物由物流商司机退回卖家。卖家自寄的货物由物流商通过境内快递或其他物流方式退运给卖家,境内物流费用由平台承担。第二,出现航空安检退回件时,物流商会线下联系卖家,通过境内快递或其他物流方式退运给卖家,境内物流费用由平台承担。第三,出现海关查验退回件时,物流商会线下联系卖家,通过境内快递或其他物流方式退运给卖家,境内物流费用由平台承担。

(2)境外段退回

①卖家在创建物流订单时需要选择弃货或退回

弃货:如果卖家选择弃货,免费销毁。

退回:如果卖家选择退回,免费退回至卖家提供的退回地址。

②退回的运费收费标准

包裹从目的国退回卖家提供的境内退回地址免费。如因卖家原因产生的关税、仓储费等其他费用,需卖家承担。卖家需在收到退回件通知的 7 个工作日内支付费用至收款账户,并提供退回地址,否则将做弃货销毁处理。

由于芬兰邮政不允许在本国销毁海外订单,所有退件需全部退回香港进行操作,因此会产生芬兰至香港段运费。

弃货:如果卖家选择弃货,弃货费用为 35.89 元(RMB)/小包。

退回:如果卖家选择退回,退回费用为 57.33 元(RMB)/件(0.5 千克以内包裹),超过 0.5 千克的包裹,每增加 0.5 千克,需额外收取 14.85 元人民币。

三、国际专线物流

跨境专线物流一般是通过航空包舱方式运输到境外,再通过合作公司进行目的国的派送。跨境专线物流的优势在于其能够集中大批量到某一特定国家或地区的货物,通过规模效应降低成本,因此,其价格一般比商业快递要低一些。在时效上,专线物流稍慢于商业快递,但比邮政包裹快很多。

(一)航空专线—燕文

航空专线—燕文的物流商北京燕文物流有限公司是境内最

大的物流服务商之一。航空专线—燕文现已开通拉美专线、俄罗斯专线、印度尼西亚专线。

1. 物流方案介绍

(1)时效快

拉美专线通过调整航班资源一程直飞欧洲,再发挥欧洲到拉美航班货量少的特点,快速中转,避免旺季爆仓,大大缩短妥投时间。

俄罗斯专线与俄罗斯合作伙伴实现系统内部互联,一单到底,全程无缝可视化跟踪。境内快速预分拣,快速通关,快速分拨派送,正常情况下俄罗斯全境派送时间不超过 25 天,人口 50 万以上城市派送时间低于 17 天。

印度尼西亚专线使用服务稳定、可靠的香港邮政挂号小包服务,由于中国香港到印度尼西亚航班多,载量大,同时香港邮政和印度尼西亚邮政有良好的互动关系,因此,香港邮政小包到达印度尼西亚的平均时效优于其他小包。

(2)交寄便利

深圳、广州、金华、义乌、杭州、宁波、上海、苏州、无锡、北京、温州(2016 年 4 月 20 日起启用)提供免费上门揽收服务,揽收区域之外的地区需自行发货到指定集货仓。

(3)赔付保障

邮件丢失或损毁时提供赔偿,商家可在线发起投诉,投诉成立后最快 5 个工作日完成赔付。

2. 运送范围及价格

(1)运送范围

航空专线—燕文支持发往拉美地区 20 个国家及俄罗斯、印度尼西亚。

(2)运费

航空专线—燕文的运费根据包裹重量按克计费,1 克起重,

每个单件包裹限重在 2 千克以内。航空专线—燕文的运费规定
见表 6-6。

表 6-6 航空专线—燕文的运费表

国家			配送服务费(根据包裹重量按克计费)元(RMB)/千克	挂号服务费元(RMB)/包裹
Russian Federation	RU	俄罗斯	83	7.1
Brazil	BR	巴西	73	22.7
Argentina	AR	阿根廷	119	19.7
Paraguay	PY	巴拉圭	151	19.7
Panama	PA	巴拿马	118	19.7
Bolivia	BO	玻利维亚	154	19.7
Belize	BZ	伯利兹	158	21.7
Ecuador	EC	厄瓜多尔	117	19.7
Colombia	CO	哥伦比亚	115	19.7
Costa Rica	CR	哥斯达黎加	115	19.7
Guvana	GY	圭亚那	113	19.7
Honduras	HN	洪都拉斯	137	19.7
Peru	PE	秘鲁	116	19.7
Mexico	MX	墨西哥	115	19.7
Nicaragua	NI	尼加拉瓜	121	19.7
El Salvador	SV	萨尔瓦多	122	19.7
Suriname	SR	苏里南	134	19.7
Guatemala	GT	危地马拉	118	19.7
Venezuela	VE	委内瑞拉	113	19.7
Uruguay	UY	乌拉圭	149	19.7
Chile	CL	智利	122	19.7
Indonesia	ID	印度尼西亚	86	13.1

3. 时效

(1)预计时效。正常情况下 16～35 天到达目的地；特殊情况下 35～60 天到达目的地，特殊情况包括节假日、特殊天气、政策调整、偏远地区等。(2)承诺时效。物流商承诺货物 60 天(巴西 90 天)内必达(不可抗力及海关验关除外)，时效承诺以物流商揽收成功或签收成功开始计算。因物流商原因在承诺时间内未妥投而引起的限时达纠纷赔款，由物流商承担。

4. 物流信息查询

物流查询平台有以下几类：速卖通平台订单页面，燕文官网，邮政官网，拉美专线 http://www. posten. se/，俄罗斯专线 http://intmail. 11185. cn/，印度尼西亚专线 http://www-hongkong post. hk。

5. 寄送限制

(1)重量体积限制

航空专线—燕文的重量体积限制见表 6-7。

表 6-7 航空专线—燕文的重量体积限制

包裹形状	重量限制	最大体积限制	最小体积限制
方形包裹	小于 2 千克（不包含）	长＋宽＋高≤90 厘米单边长度≤60 厘米	至少有一面的长度≥14 厘米，宽度≥9 厘米
圆柱形包裹		2 倍直径及长度之和≤104 厘米，单边长度≤90 厘米	2 倍直径及长度之和≥17 厘米，单边长度≥10 厘米

(2)货物寄送限制

航空专线—燕文的货物寄送限制包括：违禁品和电池。其中，特别规定不能寄送电子产品如手机、平板电脑等带电池的物品，或纯电池(含纽扣电池)。

(3)常见安检退回物品

①航空货运安检常见退回物品。

②其他退回物品包括以下几种。

第一，食品，包括茶叶、方便面等。

第二，化妆品，包括粉饼、油、口红、睫毛膏等。

第三，所有药品。

第四，电子产品，含 U 盘、USB Hub、充电器、充电宝、电机、带电池（含纽扣电池）电子产品（电子手表如未被海关抽检到可通过）。

第五，所有刀具，含管制刀具、血刺等。

第六，赌场筹码、万磁火柴、键盘清洁泥、3D 镜片、带灯的眼镜、熨头棒（内含锂电池）、红外线仪、带电池望远镜或镜片太厚打不透、同包装内含粘胶或数量过多成盒装的水钻、手机贴、指甲贴、灯泡等、一包内多个或含电池的灯泡、LED 灯等、带电池可不接电使用的灯等。

6. 退件说明

（1）境内段退件

①退件类型

第一，库内退回件。转运仓内发现的破损而拒收的包裹；违禁品的包裹；超大、超重包裹。第二，安检不过退回件。被邮政或机场安检退回的包裹。第三，海关查验退回件。被海关退回的包含违禁物品的包裹。

②物流运费退回标准

第一，出现库内退件时，运费全部退回。第二，包裹不能通过相关安检（如邮政、航空）被退回的，运费全部退回。航空安检之后发生的退回，运费及挂号费不退。第三，凡货物被航空公司因安检不通过、海关查验不通过而没收或销毁，不退运费，不赔偿货物损失。

③境内段退回件的处理

第一，出现库内退回件时，物流商会线下联系卖家，安排退回。揽收的货物由物流商司机退回卖家。卖家自寄的货物由物流商通过境内快递或其他物流方式退运给卖家，境内物流费用由平台承担。第二，出现航空安检退回件时，物流商会线下联系卖家,通过境内快递或其他物流方式退运给卖家,境内物流费用由平台承担。第三,出现海关查验退回件时,物流商会线下联系卖家,通过境内快递或其他物流方式退运给卖家,境内物流费用由平台承担。

(2)境外段退件

①卖家在创建物流订单时需要选择弃货或退回

如果卖家选择弃货,免费销毁。如果卖家选择退回,免费退回至卖家提供的退回地址。

②退回的运费收费标准

包裹从目的国退回卖家提供的境内退回地址免费。如因卖家原因产生的关税、仓储费等其他费用,需卖家承担。卖家需在收到退回件通知的 7 个工作日内支付费用至收款账户,并提供退回地址,否则将作为弃货销毁处理。

2016 年 1 月 1 日之前创建的物流订单,按照以下退件服务升级之前的境外段退件流程处理:若因任何非物流公司造成的异常情况,导致货物无法顺利配送到境外买家或境外买家不接收货物,卖家可以选择弃货或退回境内。如果卖家选择弃货销毁,不收取费用。如果卖家选择退回,则退回费用为 55 元(RMB)/件。

(二)中俄航空 Ruston 专线

中俄航空 Ruston(Russian Air)专线是由黑龙江俄速通国际物流有限公司提供的中俄航空小包专线服务。

1. 物流方案特点

(1)时效快。包机直达俄罗斯,80%以上的包裹可在 25 天内到达买家目的地邮局。(2)价格优惠。中俄航空 Ruston 专线的收费标准为 0.08 元/克＋挂号费 7.4 元/件。(3)交寄便利。深圳、广州、金华、义乌、杭州、宁波、上海、苏州、北京、无锡、温州(2016 年 4 月 20 日起启用)1 件起免费上门揽收,揽收区域或非揽收区域也可自行发货到指定集货仓。(4)赔付有保障。邮件丢失或损毁时提供赔偿，商家可在线发起投诉，投诉成立后最快 5 个工作日完成赔付。

2. 运送范围及价格

(1)运送范围

中俄航空 Ruston 专线支持发往俄罗斯全境邮局可到达区域。

(2)运费

运费根据包裹重量按克计费，1 克起重，每个单件包裹限重在 2 千克以内。配送服务费原价（根据包裹重量按克计费）80 元 (RMB)/千克，挂号服务费 7.4 元(RMB)/包裹。

3. 时效

(1)预计时效。正常情况下可在 16～35 天到达目的地；特殊情况下可在 35～60 天到达目的地，特殊情况包括节假日、特殊天气、政策调整、偏远地区等。(2)承诺时效。物流商承诺货物 60 天内（自揽收成功/签收成功起计算）必达（不可抗力除外），因物流商原因在承诺时间内未妥投而引起的限时达纠纷赔款，由物流商承担。

4. 物流信息查询

物流查询平台有以下几类：速卖通平台订单页面、邮政官网、Ruston 官网。

5. 寄送限制

(1)重量体积限制

中俄航空 Ruston 专线的重量体积限制见表 6-8。

(2)货物寄送限制

货物寄送限制包括违禁品和电池。其中，特别规定不能寄送电子产品如手机、平板电脑等带电池的物品，或纯电池（含纽扣电池）。

表 6-8　中俄航空 Ruston 专线的重量体积限制

包裹形状	重量限制	最大体积限制	最小体积限制
方形包裹	小于 2 千克（不包含）	长＋宽＋高≤90 厘米　单边长度≤60 厘米	至少有一面的长度≥14 厘米，宽度≥9 厘米
圆柱形包裹		2 倍直径及长度之和≤104 厘米，单边长度≤90 厘米	2 倍直径及长度之和≥17 厘米，单边长度≥10 厘米

（3）备货要求

卖家在线创建物流订单后，需要为每个小包裹打印并粘贴地址标签。小包合并需要在大包上标明仓库，大包内需要附上小包裹清单，标注出内含小包裹数量。

需要特别注意的是，在货物的包装过程中，为了提高包裹的操作效率和运输时效，需要留意以下事项（不合规格的包装会导致时效延误或退货，因此，产生的延误需要卖家自行承担）。

第一，发寄货物直接包装外不能显露文字字样（印刷成型的中国海关认可报关签样式除外）或标识图片等，也不能在发寄货物直接包裹表面粘贴境内快递单。

第二，发寄货物不能直接使用产品包装（一般均有文字、图片等）或裸装（即货物不能装在透明的袋子里面），需在发寄货物外加套无文字图片的快递袋或纸箱。

第三，务必打印发货标签粘贴于包裹外包装上，否则仓库将作为无主件（仓库一直无法联系到发件人，且发件人一直没有联系仓库）处理。无主件从收货开始超过 6 个月将统一销毁处理。如发货方非卖家本人（如卖家需要从淘宝或者供应商处直接将包裹发送至仓库，发货方为淘宝卖家或供应商，收货方为物流商仓库），请务必要求发货方代打发货标签粘贴至外包装，并确保包裹外表不裸露境内快递运输公司标示及商品 Logo，或直接粘贴国际快递单至裸露商品的表面，否则仓库不会代打印发货标签及代换包装袋，此类包裹也将作为无主件处理。

第四，需要使用标准发货标签（面单尺寸不能超过 10 厘米×

10 厘米,避免使用彩色打印)。

第五,不要把多个包裹捆绑在一起,需要用一个大的包装,把同一批货物装在一起。

(4)常见安检退回物品

①航空货运安检常见退回物品。

②其他退回物品包括以下几种。

第一,食品,包括茶叶、方便面等。

第二,化妆品,包括粉饼、油、口红、睫毛膏等。

第三,所有药品。

第四,电子产品,含 U 盘、USB Hub、充电器、充电宝、电机、带电池(含纽扣电池)电子产品(电子手表如未海关抽检到可通过)。

第五,所有刀具,含管制刀具、血刺等。

第六,赌场筹码、万磁火柴、键盘清洁泥、3D 镜片、带灯的眼镜、熨头棒(内含锂电池)、红外线仪、带电池望远镜或镜片太厚打不透、同包装内含粘胶或数量过多成盒装的水钻、手机贴、指甲贴、灯泡等、一包内多个或含电池的灯泡、LED 灯等、带电池可不接电使用的灯等。

6. 退件说明

(1)境内段退回件的处理

因各种原因(如安检禁限寄、超重超规、破损等)导致的境内退件,按以下方式处理。

①当天的退回件物流商当天扫描包裹并反馈异常原因,并在24 个工作小时内通过卖家下单联系方式联系卖家,与卖家确认处理方式(弃件或退回)。

②通过大包面单无法匹配的无主件,可拆包检查是否内含卖家联系方式,如果无法找到卖家信息,需存放仓库 6 个月等待卖家主动联系,6 个月以上依然没有卖家联系的包裹,或者 6 个月以上卖家依然不给出处理办法的包裹,物流商不承担保管和灭失责任。

（2）境外段退件的处理

卖家在创建物流订单时需要从两种方式中选择：如果卖家选择弃货，免费销毁；如果卖家选择退回，免费退回至卖家提供的退回地址。

退回的运费收费标准如下：包裹从目的国退回卖家提供的境内退回地址免费。如因卖家原因产生的关税、仓储费等其他费用，需卖家承担。卖家需在收到退回件通知的 7 个工作日内支付费用，并提供退回地址，否则将作为弃货销毁处理。

四、国际快递物流方案

所谓航空快递，是指具有独立法人资格的企业将进出境的货物或物品从发件人所在地通过自身或代理的网络运达收件人的一种快速运输方式。

（一）航空快递的主要业务形式

1. 门/桌到门/桌

门/桌到门/桌的服务形式也是航空快递公司最常用的一种服务形式。首先由发件人在需要时电话通知快递公司，快递公司接到通知后派人上门取件，然后将所有收到的快件集中到一起，根据其目的地分拣、整理、制单、报关、发往世界各地，到达目的地后，再由当地的分公司办理清关、提货手续，并送至收件人手中。

在这期间，客户还可依靠快递公司的计算机网络随时对快件（主要指包裹）的位置进行查询，快件送达之后，也可以及时通过计算机网络将消息回馈给发件人。

2. 门/桌到机场

与前一种服务方式相比，门/桌到机场的服务指快件到达目的地机场后不是由快递公司去办理清关、提货手续并送达收件人的手中,而是由快递公司通知收件人自己去办理相关手续。采用这种方式的多是海关当局有特殊规定的货物或物品。

3. 专人派送

所谓专人派送,是指由快递公司指派专人携带快件在最短时间内将快件直接送到收件人手中。这是一种特殊服务,一般很少采用。

以上三种服务形式相比,门/桌到机场形式对客户来讲比较麻烦,专人派送最可靠、最安全,同时费用也最高。而门/桌到门/桌的服务介于上述两者之间,适合绝大多数快件的运送。

(二)航空快递的特点

1. 经营者不同

经营国际航空快递的大多为跨国公司,这些公司以独资或合资的形式将业务深入世界各地,建立起全球网络。航空快件的传送基本都是在跨国公司内部完成。而国际邮政业务则通过万国邮政联盟的形式在世界上大多数国家的邮政机构之间取得合作,邮件通过两个以上国家邮政当局的合作完成传送。

国际航空货物运输则主要采用集中托运的形式,或直接由发货人委托航空货运代理人进行,货物到达目的地后再通过发货地航空货运代理的关系人代为转交货物到收货人的手中。业务中除涉及航空公司外,还要依赖航空货运代理人的协助。

2. 经营者内部的组织形式不同

邮政运输的传统操作理论是接力式传送。航空快递公司则大多都采用中心分拨理论或称转盘分拨理论组织起全球的网络。简单来讲就是快递公司根据自己业务的实际情况在中心地区设立分拨中心。各地收集起来的快件,按所到地区分拨完毕,装上飞机。当晚各地飞机飞到分拨中心,各自交换快件后飞回。第二天清晨,快件再由各地分公司用汽车送到收件人办公桌上。这种方式看上去似乎不太合理,但由于中心分拨理论减少了中间环节,快件的流向简单清楚,减少了错误,提高了操作效率,缩短了运送时间,被事实证明是经济、有效的。

3. 收件的范围不同

航空快递的收件范围主要有文件和包裹两大类。其中文件主要是指商业文件和各种印刷品,对于包裹一般要求毛重不超过32千克(含32千克)或外包装单边不超过102厘米、三边相加不超过175厘米。近年来,随着航空运输行业竞争的加剧,快递公司为吸引更多的客户,对包裹大小的要求趋于放松。而传统的航空货运业务以货物为主,规定每件货物的体积不得小于5厘米×10厘米×20厘米。邮政业务则以私人信函为主要业务对象,对包裹要求每件重量不超过20千克,长度不超过1米。

4. 使用的单据不同

航空货运使用的是航空运单,邮政使用的是包裹单,航空快递业也有自己独特的运输单据——交付凭证。交付凭证一式四份。第一联留在始发地并用于出口报关;第二联贴附在货物表面,随货同行,收件人可以在此联签字表示收到货物(交付凭证由此得名),但通常快件的收件人在快递公司提供的送货记录上签字,而将此联保留;第三联作为快递公司内部结算的依据;第四联作为发件凭证留存发件人处,同时该联印有背面条款,一旦产生争议时可作为判定当事各方权益、解决争议的依据。

5. 航空快递的服务质量更高

(1)速度更快

航空快递自诞生之日起就强调快速的服务,速度又被称为整个行业生存之本。一般洲际快件运送在1～5天内完成,地区内部只要1～3天。这样的传送速度无论是传统的航空货运业还是邮政运输都是很难达到的。

(2)更加安全、可靠

因为在航空快递形式下,快件运送自始至终是在同一公司内部完成,各分公司操作规程相同,服务标准也基本相同,而且同一公司内部信息交流更加方便,对客户的高价值易破损货物的保护也会更加妥帖,所以,运输的安全性、可靠性也更好。与此相反,邮政运输和航空货物运输因为都牵扯不止一位经营者,各方服务水平参差不齐,所以,较容易出现货损货差的现象。

(3)更加方便

确切地说航空快递不只涉及航空运输一种运输形式,它更像是陆空联运,通过将服务由机场延伸至客户的仓库、办公桌,航空快递真正实现了门到门服务,方便了客户。此外,航空快递公司对一般包裹代为清关,针对不断发展的电子网络技术又率先采用了 EDI(电子数据交换)报关系统,为客户提供了更为便捷的网上服务,快递公司特有的全球性计算机跟踪查询系统也为有特殊需求的客户带来了极大的便利。

(三)中国邮政 EMS

中国邮政特快专递(EMS)是中国邮政速递物流股份有限公司与各国(地区)邮政合作开办的中国与其他国家及地区间寄递特快专递邮件的一项服务,可为用户快速传递国际各类文件资料和物品,同时提供多种形式的邮件跟踪查询服务。该业务与各国(地区)邮政、海关、航空等部门紧密合作,打通绿色便利邮寄通道。此外,邮政速递物流还提供代客包装、代客报关等一系列综合延伸服务。

中国邮政 EMS 已与速卖通等跨境电商平台实现对接,下面以速卖通平台为例说明中国邮政 EMS 物流方案及收费。

1.EMS 线上发货服务介绍

在接到订单后,只要买家来自 EMS 服务直达的全球 98 个国家和地区,就可以使用 EMS 线上发货服务。客户只需在线填写发货预报,并将货物发至邮政速递指定仓库,并在线支付 EMS 运费,仓库就能将卖家的货物送达买家手中。

2. EMS 线上发货操作流程

EMS 线上发货操作流程见图 6-2。

图 6-2 EMS 线上发货流程

3. EMS 送达国家和地区及资费

EMS 送达国家和地区分为 9 个大区,直达 99 个国家和地区,按起重 500 克、续重 500 克计费,无燃油附加费,每票货件另有 4 元/票境内报关费。EMS 线上发货的客户可享受如表 6-9 所示的资费。

表 6-9 EMS 送达国家(地区)及资费

资费区	EMS 通达国家和地区	首重	续重
		500 克及以内	每 500 克
一区	中国澳门、中国台湾、中国香港	72	13
二区	日本	67	14
二区	朝鲜、韩国	72	16
三区	菲律宾、柬埔寨、马来西亚、蒙古国、泰国、新加坡、印度尼西亚、越南	76	17
四区	澳大利亚、巴布亚新几内亚、新西兰	92	23
五区	美国	92	29.5
六区	爱尔兰、奥地利、比利时、丹麦、德国、法国、芬兰、加拿大、卢森堡、马耳他、挪威、葡萄牙、瑞典、瑞士、西班牙、希腊、意大利、英国	110	28.5

资费区	EMS 通达国家和地区	首重	续重
		500 克及以内	每 500 克
七区	巴基斯坦、老挝、孟加拉国、尼泊尔、斯里兰卡、土耳其、印度	131	38
八区	阿根廷、阿联酋、巴拿马、巴西、白俄罗斯、波兰、俄罗斯、哥伦比亚、古巴、圭亚那、捷克、秘鲁、墨西哥、乌克兰、匈牙利、以色列、约旦	131	45.5
九区	阿曼、埃及、埃塞俄比亚、爱沙尼亚、巴林、保加利亚、博茨瓦纳、布基纳法索、刚果（布）、刚果（金）、哈萨克斯坦、吉布提、几内亚、加纳、加蓬、卡塔尔、开曼群岛、科特迪瓦、科威特、克罗地亚、肯尼亚、拉脱维亚、卢旺达、罗马尼亚、马达加斯加、马里、摩洛哥、莫桑比克、尼日尔、尼日利亚、塞内加尔、塞浦路斯、沙特阿托伯、突尼斯、乌干达、叙利亚、伊朗、乍得、南非	173	45.5

4. 寄送限制

（1）尺寸限制

EMS 寄送单个包裹"长、宽、高"任一边不得超过 1.5 米，最短面周长＋最长单边不超过 3 米。

（2）重量限制

单个包裹的计费重量不得超过 30 千克。具体而言，EMS 计费重计算方式如下：

包裹单边小于 60 厘米，不算体积重，计费重＝实际重量；包裹单边大于等于 60 厘米，体积重＝长×宽×高/8000。体积重和实际重量大的为计费重。

（3）禁寄物品

①国家法律、法规、行政规章明令禁止流通、寄递或进出境的物品，如国家秘密文件和资料、国家货币及伪造的货币和有价证

券、仿真武器、管制刀具、珍贵文物、濒危野生动物及其制品等。

②平台禁止销售的侵权商品。

③各寄达国(地区)禁止寄递进口的物品。

④含锂电池的电子类产品。

⑤航空禁运品,如液体、粉末以及含液体或粉末的物品等。
更多规定请参考《禁寄物品指导目录及处理办法(试行)》。

(4)常见仓库安检退回物品

①邮政速递仓库收寄货物通过杭州口岸和上海口岸发往境外,其中有 12 个国家及地区的货物须从杭州口岸发出,12 个国家及地区分别为美国、英国、德国、法国、日本、韩国、中国香港、新加坡、加拿大、意大利、俄罗斯、澳大利亚。由于杭州口岸机场安检较严,带磁、带电、带马达、带电机、电子类产品、电器类产品、灯泡及无法验视密封性良好的产品都会退回。具体常见机场安检退回产品如车载 DVD、电动按摩器、电动玩具、气动工具、泵、电磁阀、液压或气压产品、充气的球类产品等。

除以上 12 个国家及地区通过杭州口岸出口外,其他国家及地区均通过上海口岸发出,上海口岸安检根据实际情况而变,最终以仓库确认为准,最终的安检解释权以机场航空安检部门的规章为标准。

②带液体产品,如水笔、圆珠笔、面膜等。

③带有刀、剑、枪等武器外形的玩具。

5.EMS 赔偿标准

(1)赔偿范围

EMS 邮件在寄递过程中因非客户过失而发生丢失、短少、损毁和延误,邮局予以赔偿。但对间接损失和未实现的利益不承担赔偿责任。

属于下列情况的,邮局不承担赔偿责任:由于不可抗力造成的(保价邮件除外,国际 EMS 无保价服务);寄递的物品违反禁寄或限寄规定的;经主管机关没收或依照有关法规处理的;投交时邮件封装完好，无拆动痕迹，且收件人已按规定手续签收，事后收件人发现内件短少或损毁的；由于客户的责任或所寄物品本身的原因造成邮件损失或延误的；客户自交寄邮件之日起至查询期满未查询又未提出赔偿要求的；国际邮件被寄达国按其境内法令扣留、没收或销毁的。

（2）赔偿标准

延误：退回50％邮费；信函、资料类邮件丢失、损毁：每件400元人民币；邮寄时未在详情单上申报价值的物品类邮件发生丢失、损毁：每件400元人民币。

已申报价值的物品类邮件发生丢失、损毁，按申报的实际价值赔偿，内件部分丢失、损坏的物品按实际损失赔偿，但最高赔偿额均不超过每件 $500+60×W$（元人民币），W为用千克整数表示的邮件重量，小数点后零数进为1千克。邮件发生丢失、损毁，除按相关规定赔偿外，退还已收取的邮费和特殊查询费。

（四）国际快递物流商简介

1. 联合包裹服务公司（United Parcel Service，UPS）

联合包裹服务公司于1907年8月28日作为一家信使公司创立于美国华盛顿州的西雅图市。UPS拥有强大的跨境物流服务能力，每日货运量可达1800万份包裹及文件，服务范围可达220多个国家及地区，其中覆盖北美和欧洲的任何地址。UPS在全球拥有固定客户980万人/天（160万取件、820万送件），每日平均处理5830万次包裹在线追踪请求。在零售网络布局上，UPS在全球拥有4841个UPS店铺，1个邮箱，1001个UPS客户服务中心，10602家特许经营店，38352个UPS交货信箱，超过19000个UPS Access Point营业场所。全球运输车队包括99984辆包裹运输车、客货车、货运卡车、摩托车，包括5088辆替代型能源汽车，自有飞机237架，租用412架，每天执行航班1955个（美国境内940个、国际1015个），起降的机场达到728个（美国境内

382 个、国际 346 个）。此外，UPS 还在美国肯塔基州路易斯维尔市（全球主要空运枢纽）、宾夕法尼亚州费城、得克萨斯州达拉斯、加利福尼亚州安大略、伊利诺伊州罗克福德、南卡罗来纳州哥伦比亚、佛罗里达州迈阿密以及德国的科隆、波恩，中国的上海、深圳、香港，加拿大安大略省哈密尔顿设立业务中心。

2. 联邦快递公司（Federal Express，FedEx）

联邦快递公司于 1971 年 6 月 18 日成立于美国德拉瓦市，为全球的客户和企业提供运输、电商和商业服务的广泛服务组合。作为一个知名企业品牌，FedEx 集团通过相互竞争和协调管理的运营模式，提供了一套综合的商务应用解决方案，实现年收入高达 450 亿美元。FedEx 激励旗下 30 多万名团队成员高度关注安全问题，恪守品行道德和职业操守的最高标准，并最大限度满足客户和社会的需求。

FedEx Express 为美国各地以及全球超过 220 个国家及地区提供快捷、可靠的递送服务。FedEx Express 设有环球航空及陆运网络，通常只需 1～2 个工作日，就能迅速运送有严格时间要求的货件，而且确保准时送达。

3. TNT

TNT 快递为企业和个人提供快递和邮政服务，其是欧洲著名的快递公司，母公司是荷兰邮政集团（TPG），总部设于阿姆斯特丹。早在 1988 年 TNT 快递就进入中国，受当时相关政策的限制，TNT 快递与中外运合资建立了"中外运—天地快件有限公司"，开拓在中国的快递业务。在中国市场，TNT 快递取得了快速的发展。最近几年，TNT 快递在中国市场平均保持约 23% 的收入增长和年均 30% 的业务增长速度。目前，TNT 快递的服务已经覆盖境内 500 个城市，拥有 2000 个服务网点。

4. 中外运敦豪（DHL）

DHL 这个名称来自三个公司创始人姓氏的首字母（Adrian

Dalsey、Larry Hillblom 和 Robert Lynn)。

DHL 隶属于全球顶尖邮政和物流公司 Deutsche Post DHL Group,其是世界上最具国际性的公司,可以为几乎无限数量的物流需求提供解决方案。

就亚太地区而言,因为进入得早,知名度高,使得其市场占有率为四大国际快递公司之冠,但美中不足的是,DHL 自有机队不多,主要以灵活运用商业客机来转运货物,但是成本相对也较高,此外,业务以利润微薄的文件居多,在包裹方面则尚待加强。这种情况对 DHL 而言,无疑是不利的。2002 年初,德国邮政全球网络成为 DHL 的主要股东。到 2002 年底,DHL 已经 100% 由德国邮政全球网络拥有。

2003 年,德国邮政全球网络将其下属所有的快递和物流业务整合至一个单一品牌 DHL。2005 年 12 月德国邮政全球网络并购 Exel 的举措进一步巩固了 DHL 的品牌,整合后的 DHL 的专业服务来自由德国邮政全球网络收购的几家公司。

第三节　海外仓的运作和管理

一、海外仓的概念

海外仓服务是指由网络电商交易平台、物流服务商独立或共同为卖家在销售目标地提供的货品仓储、分拣、包装、派送的一站式控制与管理服务。卖家将货物提前存储到当地仓库,当买家有需求时,第一时间做出快速响应,并及时进行货物的分拣、包装以及递送。

二、海外仓的产生背景

2015 年 5 月,中国商务部推出《"互联网＋流通"行动计划》,

行动计划提出通过建设海外仓打造境外物流体系。计划提出后，不仅各大电商平台纷纷开始行动加紧布局，很多跨境电商卖家也摩拳擦掌跃跃欲试。

海外仓的出现与跨境电商规模扩张带来的物流难题紧密相关。平台面铺开后，新问题随之涌现，后续服务很难跟上，迫在眉睫的非物流莫属。艾瑞调查显示，在跨境购物用户收货的时长方面，13％的用户预计1周内可以收到货品，但实际上只有7.8％的用户能够在1周内收到。物流配送的延迟，将严重挫伤消费者的购买热情，因此，设立海外仓成为各大跨境电商平台提升物流服务的新方向。

三、海外仓的选择

(一)何种产品适合做海外仓

从理论上说，海外仓可以覆盖的产品无限延展，不再限于小包时代的2千克、不超过多少厘米总长等一系列的限制。特别对于那些重物流产品（如五金类、家具类、户外类等）特别适合做海外仓。然而，如果产品是小包时代的轻物流品类，而且产品的库存单位还很多，无法对热销产品形成市场预估的话，就不太适合选择海外仓。因为海外仓要求对于产品的销售有一个预判，然后提前囤货，以大货的形式发送到海外仓。当然，这并不是绝对的选择标准，平台和商家要根据自身的具体情况来做决策。

(二)平台和商家该选择哪种海外仓

目前，海外仓整体可分为两大类：平台相关的海外仓和独立的第三方海外仓。如果是亚马逊平台，那就是FBA。做了FBA，亚马逊会给商家的产品一定优惠，如更多的曝光、更低的运费等，但风险是商家的仓储货物将与账号紧密捆绑，万一账号出问题，仓库里的货处理起来难度就会很大。

在选择第三海外仓的时候要考虑第三方的信息系统所提供的订单管理系统是否符合企业的订单整合需求。还要关注的一点就是这些第三方海外仓除了提供海外仓储服务之外，还有没有其他的附加服务，比如整柜出口、清关、退税、仓储地法律支持等。海外仓相对于邮政小包时代更正规化，所需要的环节也更全面，对于平台和商家而言，完成这个链条上的各个环节需要耗费很大的精力和时间。

此外，选择做海外仓还需要特别注意清关问题和滞销问题。

（1）清关问题。做海外仓一般是以大货的形式通过海运或者空运发到海外仓，如果这个时候选择的物流服务商不专业，或者涉及一些违禁品导致货物被扣关，那问题就比较严重了。

（2）滞销问题。做海外仓需要提前备货，只要有库存就存在滞销的风险，因此，卖家在选择做海外仓的时候，一定要对自己产品的销售有一个预判。如果对于自己产品销售没法很好把握的话，建议刚开始不要发太多货，先发一部分产品试销售，通过销售分析，然后再大量补充。对于滞销品的处理，一般来说不会再运回中国，不然会转化成产品进口的问题，一旦出现滞销需要通过各种促销手段将这些滞销品尽量处理掉。

四、海外仓的优势和不足

（一）海外仓的优势

1.物流成本降低

从海外仓发货，特别是在当地发货，物流成本远远低于从中国境内发货。例如，从中国发 DHL 到美国，每千克货物需要人民币 124 元，而在美国发货只需 5.05 美元。

2.物流时效加快

从海外仓发货，可以节省报关清关所用的时间，并且按照卖家平时的发货方式(DHL 5～7 天,FedEx 7～10 天,UPS 10 天以上)若是在当地发货,客户可以在 1～3 天内收到货,大大缩短了运输时间,提高了物流的时效性。

3.产品曝光率提高

如果平台或者店铺,在海外有自己的仓库,那么当地的客户在选择购物时,一般会优先选择当地发货,这样对买家而言可以大大缩短收货的时间,海外仓的优势也能够让卖家拥有自己特有的优势,从而提高产品的曝光率,提升店铺的销量。

4.客户满意度提升

并不是所有收到的产品都能让客户满意,这中间可能会出现货物破损、短装、发错货物等情况,这时客户可能会要求退货、换货、重发等,这些情况在海外仓内便可调整,大大提高了物流的时效性,在一定层面上不仅能够重新得到买家的青睐,也能为卖家节省运输成本,减少损失。

5.有利于开拓市场

海外仓更能得到国外买家的认可,另外,如果卖家注意口碑营销,自己的商品在当地不仅能够获得买家的认可,也有利于卖家积累更多的资源去拓展市场,扩大产品销售领域与销售范围。

(二)海外仓的不足

首先是必须支付的海外仓储费。海外仓的仓储成本费用,不同的国家有所不同,卖家在选择海外仓的时候一定要计算好成本和费用,与自己目前发货方式所需要的成本对比,然后再进行选择。对于销量波动比较大的产品,卖家可以考虑在旺季的时候选择使用海外仓储服务。由于海外仓储要求卖家要有一定的库存量,所以,对一些买家特别定制的此类产品,就不适合选择海外仓储销售。

(三)海外仓建仓风险

平台和卖家要想在国外创建海外仓,光有员工、场地、设备、物流渠道还远远不够,税务、仓库混乱、仿品被查、汇率波动等因素也要考虑在内。除此之外,还需要考虑以下几点。

1. 经验的缺失

在考虑建立海外仓之前,卖家要对可能出现的各种异常突发情况做分析,并制定出相应的应急处理方案,如产品错发、漏发、丢失了怎么办,物流商价格波动处理,客户拖账的沟通与协调等,都需要经验的积累。

2. 海外仓的盈利

一个海外仓能坚持多久、是否亏损是经营海外仓所面临的最大投资风险。以一个 1000 平方米的美国仓为例,租金是每月 5000 美元,需要 5~6 名当地员工,每个员工工资为 2000~2500 美元,各种耗材、水电、设备等其他杂费大概为 1000 美元,这就意味着每个月需要付出 2 万美元左右的成本。以每单 1 美元的利润计算,卖家需要一个月 2 万单才能保证不亏本,每个月 25 个工作日,平均下来每天要有 800 单,这需要卖家保持很好的销售业绩。

3. 爆仓与效率低下

货物的快速流转是海外仓利润的重要组成部分,如果吸收了很多大货物、慢销品、季节品,又对新货的到货时间、数量不了解,稍有不慎就有可能爆仓,同时大货和小货混合操作的效率是极其低下的,这在海外仓创建之初是致命的,因此,很多海外仓巨头都开始控制货物分类。

4. 异地管理的效率

如何在国内遥控海外仓库,如何了解海外仓的每一件产品数量,如何了解每一笔订单产生的费用,这些问题光用表格肯定管理不过来,因此,海外仓专用管理软件是建立海外仓的标配。

海外仓已成为很多传统企业转型电商服务的切入点,虽然发展势头抢眼,但不能盲目而上,要结合平台和卖家自身的实际,在充分评估海外仓建立和运营的风险之后再决定是否介入。

五、海外仓的运营

(一)租用还是合作建设

跨境电商卖家与第三方"海外仓"的合作方式有两种:(1)租用;(2)合作建设。租用方式存在操作费用、物流费用、仓储费用,而合作建设则只产生物流费用。

(二)产品选择

海外仓拥有着独特优势,上文已经进行了详细分析。对于标准化、库存单位不多,比较重且方便卖家进行管理的产品,通过海运批量运到海外仓,可以大大降低物流成本,非常适合使用海外仓。然而,有些产品需要经过研究和库存分析才能更好地使用海外仓。比如服装、鞋类等季节性强的消费品,卖家需要做好库存和销售周期的把握,才能更好地使用海外仓。虽然使用海外仓对产品没什么限制,但使用海外仓的产品最好是热销单品,库存周转快,这样卖家就不用担心压货的问题。

(三)市场调研

借助第三方海外仓,卖家最好一次性备好 300～500 件单品,备好货后就可以联系海外仓的运营方,运营方会帮助卖家把货物送到海外仓上架,此时海外仓会有库存,卖家就可以去销售了。如果卖家把握不准的话,第一次尽量不要发太多货。重量在几百克的产品,尽量用空运,少量 SKU。这是因为,空运一星期就可以完成交货到入库的整个流程,而海运则要 30～40 天,货物量大时启用海运才划算。第一批产品到海外仓后,可以开始销售,一段时间后,分析出某个 SKU 在过去一个月或者三个月的销售情况以及走势,再根据预测进行补货。如果销售情况很好,且量很大,卖家可以考虑启用海运进一步降低成本。

(四)发货

海外仓的订单生成后,卖家可以通过 Excel 表格或 API 的方式通知第三方进行发货。有一定信息技术实力的卖家建议使用 API 的方式,数据的实时性更有保证。卖家也可以考虑使用平台开发的系统,这样卖家只需要把订单上传到后台,选择送达地的物流方式进行提交就可以了。平台的工作人员会根据卖家提交的订单信息,当天点货、包装、出库,在 24 小时内完成发货。

(五)补货

第三方海外仓会将库存信息实时发送给卖家,倘若产品很畅销,卖家就需要提前准备往海外仓发货。一般情况下,需要设定一个库存预警值。比如说,当库存低于 10 个之后,就通知卖家准备补货。

卖家可以基于销售情况做库存分析及周期分析,如一个 SKU 平均每天销售出去 10 件,从客户下单(出库)到确认收货需要 5 天,若利用空运补货,从采购到入库要 7 天,这样一个周期就是 12 天,也就是当产品库存剩下 120 件时,卖家就要开始采购订单了。卖家也可以在其后台系统设置最低库存的警报。系统显示 SKU 为红色时,卖家就需要去采购。

(六)滞销品处理

使用海外仓,一定要注意集中销售资源,否则很容易出现滞销的情况。另外,产品一定要热卖,如果在海外仓长期存放,整体成本会大幅增加。部分产品滞销,或者周转期太长会导致成本上升(租赁费用等)。卖家的销售策略如果更好,则可以提升销售速度,促进当地市场增长。要注意产品的生命周期,如电池存放的时间越长质量越会受到影响,所以要把握好库存。

(七)清关认证

卖家对海外仓的发货一定要有监控,因为在本地发货,对于时效的要求会很高,客户对配送时效也会越来越敏感。卖家要做好成本核算,调整好利润率,这样整个财务体系才会更加健康。中小卖家要重视物流方式选择,借用海外仓批量发货,走海运属于大宗货物清关方式,清关检查严格,会要求卖家提供相关证明,像欧盟 CE 认证等。借助第三方海外仓的物流输送会涉及多个合作方,在周转的过程中,卖家可委托第三方服务公司做好监管,以保证产品安全送达。

六、未来海外仓的机遇和挑战

随着跨境电商的发展,未来跨境电商的分工会越来越细,工厂负责生产供应,有经验的团队负责运营销售,而越来越多的海外仓和物流做配送仓储。所以未来几年海外仓会越来越多,也会经历一次洗牌过程。中国的跨境商品长期在知识产权、产品质量、清关税收方面存在问题,随着目的国对海外仓的管理越来越严格,最终海外仓也会面临升级和转型。同时海外仓建设的投入门槛会越来越高,后期不仅需要海外仓有仓储能力,而且需要在客户体验、买家维护甚至当地合规操作方面有自己的优势,这需要海外仓企业不断地投入巨大的资本和资金,最终形成新的格局,客户体验决定着海外仓发展的未来!

第七章　跨境电商与第三方支付

　　跨境电子商务作为一种新兴的贸易方式,依托互联网技术,在全球经济一体化背景下应运而生。我国国内电子商务环境的不断成熟以及国家一系列支持政策的实施,进一步促进了跨境电子商务的快速发展,并成为对外贸易的一个拓展方式,增加一个新的发展驱动力。跨境贸易商品的流动,引起跨境支付资金的流动,支付业务发生的人民币或外汇资金流动,由外汇管理部门等监管部门对进出境资金进行管理。随着 B2C、C2C 等模式商品交易量的大幅增长,我国第三方支付方式在商家范围得到了广泛应用。

第一节　跨境电商第三方支付概述

一、跨境第三方支付的内涵

　　跨境第三方支付,是指借助第三方网络支付平台,跨境电子商务活动从线下转到线上,买方直接通过电子信息网络向卖家付款。

　　这里的第三方支付平台,不同于银行等传统的金融服务机构,而是具有独立运营能力的第三方互联网支付平台。这种网络支付平台具备较强的电子通信能力和信息安全技术,能够实现资金在消费者、银行和商户三方之间快捷高效的结算流转。

同时,第三方互联网支付平台具有很高的信誉,可以为交易双方提供信用担保。这也是第三方支付平台相比其他网络支付渠道的最大优势。

二、跨境第三方支付的发展起源

伴随着互联网的发展普及,电子商务在我国迅速崛起,成为国内经济发展的重要组成部分和驱动力量。不过,由于互联网的匿名性、虚拟性等特点,交易双方的信用度和线上支付的安全性等问题,一直是制约电子商务深化发展的重要瓶颈:卖方希望先收款再发货,以降低交易风险;买方则希望能够货到付款,以防止上当受骗。

为了解决这一问题,建立起电子商务的信用体系,众多独立的第三方支付平台纷纷涌现。电子商务交易双方在第三方支付平台上建立虚拟账户,买方先将货款放入支付平台中,由支付平台暂时保管。当买方确认收货以后,第三方平台再将这些货款转给卖方。这就保证了支付行为始终在第三方支付平台内进行,降低了交易双方的不信任感,促进了电商交易的顺利开展。

所以说,第三方支付平台与电子商务的发展是相辅相成的,具体表现在两点:(1)电子商务的深化发展,要求建立起保障交易活动顺利进行的信用机制和支付体系,这就催生出了一大批独立的第三方支付平台;(2)第三方互联网支付平台的快速发展完善,也推动了电子商务交易市场的信用体系建设,为线上交易活动提供了更加方便快捷的支付解决方案。

在跨境电子商务活动中,交易双方地域上的跨度更加巨大;信息获取和交易流程也只能借助网络渠道,虚拟性更为明显。这使得跨境电子商务的交易主体更加关注信用保障和支付安全等问题。而独立的第三方互联网支付平台,往往具有很高的信誉,能够成为跨境电商交易的信用中介;同时,其安全便捷的线上支付功能,也满足了跨境电子商务对支付安全的需要。因此,随着跨境电子商务的快速发展,第三方支付平台也在不断布局海外业务,为跨境电商交易提供信用担保和线上支付支持,以抢占新的蓝海市场。

三、跨境第三方支付的运行模式

当前,可以将第三方支付平台分为两种:(1)以首易信、WorldPay 为代表的独立的第三方网关模式,又称为网关支付模式。这类支付平台没有自己的电商交易网站,仅提供产品交易支付系统的解决方案。(2)以支付宝、PayPal 为代表,是一种具备信用担保功能的非独立的第三方支付平台,由大型电子交易平台独立或联合相关机构开发,也称为信用中介型模式。

在运行模式上,跨界第三方支付的流程为:(1)A 国的买方在线上选购了 B 国的商品后,将货款放入他们在第三方支付平台的账户中,由支付平台暂为保管;(2)第三方支付平台通知 B 国的卖家进行发货;(3)在 A 国的买方收到商品并在支付平台上确认以后,第三方支付平台再把代为保管的货款转到 B 国卖家在平台的账户(图 7-1)。

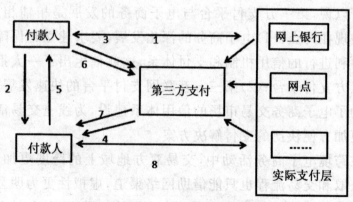

图 7-1　跨境第三方支付的运行模式

图中的数字 1 代表:买方通过网银、电子支票等方式,将实体货币转到其在第三方支付平台的账户中;数字 2 代表:买方从卖家那里购买产品;数字 3 代表:买方在第三方平台上进行支付操作后,支付平台把应付的货款从买方账户中转移到平台的虚拟账户上代为保管;数字 4 代表:第三方支付平台告知卖家已经收到付款,可以发货;数字 5 代表:卖家向买方发出商品;数字 6 代表:买方收到货物后,登录第三方平台完成确认操作;数字 7 代表:支付平台将代保管的货款转到卖家的平台账户里;数字 8 代表:卖家通过网银、电子支票等方式,将其在第三方支付平台账户里的资金兑换成实体货币。

由上图可知,第三方支付平台的主要功能是为线上交易双方进行信用和支付担保:资金流通始终在平台账号内部进行,具有虚拟性,而实体资金的流动,则是在具有高信誉度的第三方支付平台和买卖双方的开户银行之间进行的。这无疑大大降低了交易双方对彼此信用的担忧,促进了跨境电子商务的顺利开展。

四、跨境第三方支付的结算方式

跨境第三方支付平台的线上结算,必然会涉及不同国家货币之间的转换问题,主要包括以下三种结算情况。

第一,跨境代购结算:这与境内使用第三方支付平台的结算方式并无差别,代购商收取的是本国货币,无须第三方支付平台结汇。

第二,当第三方支付平台的支付业务与国际信用卡组织具有合作关系时,无须通过支付平台进行结汇,而是通过国际信用卡组织实现不同币种的转换。

第三,只有国内消费者从与第三方支付平台签约的境外卖家那里购买商品时,才需要支付平台帮助国内买家进行结汇并完成支付。

具体流程为:(1)第三方支付平台将商品的外币标价,按照即时汇率转换成本国货币的价格;(2)国内消费者将应付的货款本币转到第三方支付平台上;(3)第三方支付平台帮助买方将本币转换成外币,并支付给卖家。在这个过程中,跨境第三方支付平台实际上充当着为国内消费者代理购汇的角色。

五、跨境第三方支付的特征

跨境第三方支付平台能够借助跨境电商的崛起而迅速拓展,不仅仅是由于它为买卖双方提供了信用担保,还因为它具有以下四个方面的优势。

(一)使用方便

第三方支付平台与多数银行都有着合作关系,能够满足消费者对不同银行卡网关人口的需求,避免了由于交易双方开户银行不同而导致的转账麻烦,简化了线上支付流程,优化了人们的线上支付体验。

另外,随着第三方支付平台的发展完善,买卖双方也能够更加方便快捷地在平台上开通账户。

(二)费用低廉

第三方支付平台对于买家是完全免费的,既无账户注册费用,也没有商品支付的手续费,这对买家具有强大的吸引力。对于卖家而言,第三方支付平台在开户费、年费和交易手续费等方面,也比其他线上支付方式便宜很多。这大大降低了商户的成本支出,从而吸引到更多的商家。

以信用卡网上支付为例。虽然不同银行的信用卡线上支付渠道收费标准不同,而且大多也不会对消费者收取支付手续费用。但对于商家而言,这些网上支付渠道却会收取远高于 PayPal、支付宝等第三方支付平台的手续费用。

(三)代理购汇

在跨境电子商务中,实际购汇主体是买方。第三方支付平台则充当着购汇中介的角色,代理买方购汇,从而简化了买方的支付流程,优化了他们的跨境电商交易体验。

(四)增值服务

随着技术上的创新升级和平台运营越发成熟,第三方支付平台还能够为买卖双方提供越来越多的增值服务:可以利用相关软件,帮助商家更为系统地分析交易数据和信息,增强他们的精准营销能力;能够让商家实时查询交易信息;为买家提供订单追踪、及时退款和停止支付等服务。

第二节　支付宝的跨境支付

一、支付宝的支付流程

2004 年年底,阿里巴巴集团旗下的支付宝正式成立,现今已成为我国用户最多、最具影响力的第三方支付平台。早在 2007 年,支付宝平台就与多家银行合作,积极尝试跨境支付业务。2011 年 9 月,支付宝并购了澳大利亚安卡国际集团旗下的第三方支付服务公司安卡支付,进一步深化了跨境支付业务布局。

2012 年以来,支付宝更是与万事达卡旗下子公司 Data Cash 集团,以及 CyberSource、AsiaPay 等国际著名的第三方支付机构进行战略合作,为用户提供更优质的跨境支付解决方案。

与 PayPal 先付款后发货的运营模式不同,支付宝采用的是收货确认后再付款的模式。在国内电子商务信用体系相对缺乏的情况下,这一模式最大限度地降低了用户对线上支付安全性的顾虑。

具体而言,支付宝的线上支付流程如下:

第一步,账户注册。首先用户以电子邮箱或者手机号码作为支付宝账号名，填写好注册页的相关信息；其次进入绑定的邮箱点击支付宝网站发出的链接，激活账户；最后在支付宝账户中绑定一个（也可以是多个）开通了网上银行功能的银行卡账号。

第二步，支付款项。买卖双方达成线上交易意向后，买家先将应付的货款从绑定的银行卡转到支付宝账户中，由支付宝平台暂时保管这笔货款。

第三步，卖家发货。支付宝告知卖方已收到货款，可以发货。

第四步，确认付款。买家收到货物并在支付宝平台上确认后，平台便会将货款转至卖家的支付宝账户中。

二、支付宝的支付安全

网上支付的安全性问题，一直是电子商务交易主体十分关注的内容。为了保障支付安全，为用户创造一个优质的线上交易体验，支付宝采取了以下保障措施。

(一)对用户实行双重身份认证

即身份证认证和银行卡认证。一方面，通过与公安部全国公民身份证号码查询服务中心合作，对平台上注册用户的身份证信息进行鉴别；另一方面，支付宝还积极与各家银行进行合作，以保证银行卡信息与用户提交的身份证信息一致性。

通过身份证查询系统和银行系统的双重身份认证，支付宝平台大大提高了线上支付的安全性。有关数据显示，支付宝平台发生网络欺诈的概率只有万分之二。

(二)为用户提供免费数字证书

数字证书就是用户在支付宝平台中的身份证，能够帮助用户证明自己的身份，并识别对方身份的有效性。该技术采用1024位加密的数字签名形式，使账户的安全性更有保障，大大降低了线上支付风险。

(三)为用户提供密码、短信双重保障服务

支付宝要求用户分别设置账户的登录密码和交易时的支付密码,这就为线上支付提供了双重保护措施;同时,支付宝平台允许密码输入错误的最大次数是两次,超过后就会对该账户进行 3 个小时的冻结;另外,当账号密码被修改或者账户金额有变动时,支付宝还会及时以短信的形式通知该用户,从而极大地提高了账户安全。

在安全技术水平上,支付宝与 PayPal 其实并没有多少差距。只是从运行模式上来看,PayPal 更偏向于维护买家的利益,只要买家有异议(包括账户被盗用而付款,或者受到欺诈等情形),就可以拒绝付款。而在国内当前还没有美国那种自动化清算时的实时扣款技术,因此支付宝平台只是保障一定时间段内的买方申诉权,超过这个时效后,买家就无法拒付。

三、支付宝的盈利模式

为了培养消费者的线上支付习惯,积累足够的用户流量,支付宝在 2004 年成立时,就对注册用户实行完全免费的政策。虽然借助这种免费策略,支付宝平台迅速做大了电子商务交易规模,但平台本身却一直是处于亏损状态。即便到了 2007 年支付宝开始对商户收取费用,但在短期内仍然没能改变亏损的状态。

随着电子商务的深化发展,支付宝平台用户也呈现爆炸式增长。从 2009 年下半年开始,支付宝扭亏为盈,实现盈利。并且,随着用户规模的进一步扩大,以及国内外电子商务市场的发展成熟,支付宝也不断细分市场,推出更多的增值服务,从而拓展了创收渠道。

和 PayPal 相比,支付宝不仅交易手续费更低,而且提现是完全免费的(PayPal 会收取一定的提现费用)。这使得支付宝在国际第三方支付平台的竞争中更有优势。2009 年 7 月,支付宝超越 PayPal,成为全球最大的第三方支付平台。

第三节   PayPal 的跨境支付

一、PayPal 的支付流程

作为 eBay 旗下的支付平台,PayPal 可以依托母公司 eBay 这一汇聚全球商户的互联网交易平台,不断拓展其跨境支付业务,增强在跨境第三方支付市场中的竞争力。当前,PayPal 的注册用户超过 2 亿,范围遍及全球 190 多个国家和地区,与 15000 家银行有合作关系,支持 24 种货币的支付;同时,在跨境贸易中,超过 90％的卖家和超过 85％的买家接受并使用 PayPal 平台。

为了进一步开辟中国市场,PayPal 在 2010 年 3 月与中国银联在跨境支付业务方面展开合作,为我国消费者的跨境电商交易提供优质的支付结算服务:用户只要将银联卡与自己的 PayPal 账户关联起来,就可以在与 PayPal 签约的境外网站上进行购物和支付。

具体来看,PayPal 的支付流程如下。

第一步,账户注册。以电子邮箱为账户名,并在注册页面填写信用卡卡号等相关信息,验证通过后即成为 PayPal 用户。从关联的信用卡中将一定数额的款项转入自己的 PayPal 账户,以增加账户金额。

第二步,货款支付。用户首先登录 PayPal 账户,在支付页面填写收款人的电子邮箱地址、汇款金额及币种等信息,其次选择支付汇款。

第三步,收款通知。PayPal 向商家或收款人发出电子邮件,通知他们有待收的款项。

第四步,接收货款。商户收款包含两种情况:如果收款商家也是 PayPal 用户,可以直接将款项转入其账户中;如果商户不是

PayPal 用户,则首先需要根据电子邮件的指示链接进入 PayPal 网页,注册成为 PayPal 用户,然后才能选择将付款方的款项放入 PayPal 账户、信用卡或者其他银行账户中。

PayPal 作为第三方支付平台,表面上是采用电子邮件的形式完成支付,但实质上是为线上买卖双方提供了一个虚拟账户和转账、记账的系统平台,真实的资金流转发生在交易双方的开户银行和 PayPal 自身的银行账户之间。看似必需的电子邮件,在支付过程中其实是扮演着信息传递和沟通的角色。

只要线上交易双方是 PayPal 用户,就可以通过该平台实现资金的流转,而对交易双方在开户银行、所在国家和使用币种的一致性方面都没有必然要求。这显然大大简化了跨境支付的烦琐程序,优化了用户的跨境线上支付体验。

二、PayPal 的支付安全

任何第三方支付平台都必须考虑支付安全这一关键问题,而且多数第三方支付平台本身就是为解决线上支付安全问题而诞生的。PayPal 也同样如此。从上面提到的支付流程上,可以看出 PayPal 平台系统的一个主要功能,就是在买卖双方之间构建一个安全的信息流通和线上支付渠道。

在 PayPal 等第三方支付平台出现之前,买家如果要使用信用卡进行线上支付,需要直接在商户页面中输入个人信用卡卡号等敏感信息。这种无防护的支付形式,造成了极大的信息安全隐患,使消费者对线上支付安全问题充满担忧,十分不利于电子商务的深化发展。

以 PayPal 为代表的第三方支付平台的出现,为交易双方关心的线上支付安全问题提供了最佳的解决方案。买方无须在无防护的商家页面中输入自己的信用卡或银行卡信息,而是可以通过 PayPal 账户,在 PayPal 平台的支付页面中输入商户或收款人的邮件地址,就可以完成支付操作。这就极大地保障了用户的信用卡、银行账户等敏感信息的安全性，使人们可以更加放心地进行线上支付。

此外，作为全球第三方支付业务的领先者，PayPal 还通过以下措施进一步保障用户线上支付的安全性。

第一，对注册用户账户的验证。

虽然 PayPal 的用户账户包括个人账户、高级账户和公司账户三种类型，但无论哪种账户，在注册时都需要关联一个信用卡或银行卡账号。之后，PayPal 会对注册用户提交的银行账户进行验证（绑定的银行账户是否可用、账号信息与用户的身份信息是否一致等）。

验证形式分为两种：其一，若注册用户在美国国内，就采用随机存款的方式进行验证。即 PayPal 向新注册用户的账户内随机转入两笔小额存款，两到三个工作日后，用户就能查看这两笔存款的数额，然后需要将该数额作为其账户的激活码来激活账户，从而完成身份验证。其二，若注册用户在美国以外的地区，则使用预先存款的形式进行验证。即新注册用户首先需要通过关联的银行账户，将 1.95 美元的资金转存到其 PayPal 账户中；其次借助在线访问、银行账户对单等渠道，获取一个四位代码；最后用户需要在登录 PayPal 账户时正确输入这个四位代码，从而激活自己的 PayPal 账户。而验证时预存的 1.95 美元，则可以用于线上购物。

第二，安全技术的保证。

作为国际领先的第三方支付平台，PayPal 也在不断优化升级平台系统的安全技术，为在线支付提供最大限度的安全保障。例如，PayPal 公司在全球拥有 2000 多名技术专家，专门负责检测和控制在线交易的安全性及正常运转等问题；使用先进的 SSL 技术，保障交易双方的信息安全。

第三，提供了安全交易的政策。

PayPal 还为用户提供了一系列的安全交易保护政策，包括买方保护和卖家保护政策。例如，当买方没有收到商品或者收到的货物与网上描述不相符时,可以向 PayPal 进行申诉,PayPal 平台则会向买家提供退款担保服务。借助这些安全交易保护政策,PayPal 降低了交易双方的安全顾虑,推动了线上交易的顺利进行。

三、PayPal 的盈利模式

PayPal 为电子商务交易安全提供了有效的问题解决方案,打消了人们对在线支付的安全顾虑,优化了用户的线上交易体验,受到买卖双方的广泛青睐。这推动了 PayPal 平台交易规模和盈利水平的快速增长。

PayPal 主要是通过交易费用和其他增值服务费用来实现创收盈利。不论是个人账户,还是高级账户和公司账户,PayPal 都是免收付款手续费的。但在收款方面,会根据账户类型的不同进行收费。

(一)个人账户的收费

个人账户的注册者,是那些进行线上消费的个人,他们的 PayPal 账户其实是没有收款功能的。即个人账户不能直接接收来自第三方信用卡或银行卡的转账。因此,PayPal 对这类账户是完全免除手续费的。

(二)高级账户和商用账户的收费

高级账户的注册者,是在 eBay 等电商平台上开设网店的个人。对于这类账户,在付款时仍然是免手续费的,而在接收货款时,PayPal 也只是向用户收取一个较低的手续费。

商用账户的使用者,则是进行线上交易活动的企业。这类账户的服务更为全面,不仅涵盖了高级账户的收付款功能,还允许多人同时进行操作管理。在收费标准上,与高级账户相同。

由此可见,与网上银行等其他在线支付方式相比,PayPal 不仅付款免费,而且用户收款时所缴纳的手续费也很少,因此更容易被企业和个人接受,也使 PayPal 吸引到更多的用户。另外,PayPal 平台不但没有安装费、网关费、月租费和其他工具使用费,还免费为用户提供防欺诈等多种安全交易服务。这些服务促进了 PayPal 用户的爆炸式增长,也大大提升了 PayPal 的盈利水平。

第八章　跨境电商运营案例

　　跨境电商,是一种基于互联网工具,通过实际支付完成关境外的货物所有权转移的商业模式。消费者对商品的内在需求:价格、质量和时间是跨境电商运行的基本规律。在遵循这一规律的过程中,跨境电商基础的实务操作是十分重要的,本章将通过具体真实的案例分析,对在跨境电商实践中如何进行正确的操作进行探究。

第一节　阿里巴巴

一、阿里巴巴概况

　　阿里巴巴是全球企业间(B2B)电子商务的著名品牌,是目前全球最大的网上交易市场和商务交流社区。

　　阿里巴巴创建于1998年底,总部设在杭州,并在海外设立美国硅谷、伦敦等分支机构。阿里巴巴是全球企业间(B2B)电子商务的著名品牌,是目前全球最大的网上贸易市场。良好的定位、稳固的结构、优秀的服务使阿里巴巴成为全球首家拥有211万商人的电子商务网站,成为全球商人网络推广的首选网站,被商人们评为"最受欢迎的B2B网站"。

　　在国际交易市场上,阿里巴巴设有一个全球批发交易平台,为规模较小、需要小批量货物快速付运的买家提供服务。所有交易市场形成一个拥有来自 240 多个国家和地区超过 6100 万名注册用户的网上社区。为了转型成可让小企业更易建立和管理网上业务的综合平台，阿里巴巴亦直接或通过其收购的公司包括中国万网及一达通，向国内贸易商提供多元化的商务管理软件、互联网基础设施服务及出口相关服务，并设有企业管理专才及电子商务专才培训服务。阿里巴巴亦拥有 Vendio 及 Auctiva，该两家公司为领先的第三方电子商务解决方案供应商，主要服务网上商家。阿里巴巴在大中华地区、印度、日本、韩国、欧洲和美国共设有 70 多个办事处。

目前，阿里巴巴集团已经有 11 家旗下公司，分别是：阿里巴巴、淘宝、支付宝、阿里软件、阿里妈妈、口碑网、阿里云、中国雅虎、一淘网、淘宝商城、中国万网、聚划算。

二、阿里巴巴运营案例

(一)阿里巴巴跨境电商平台询盘处理界面的变化

1. 案例描述

2015 年之前，询盘的处理界面在阿里巴巴平台中更像是一个订单起草的过程。而从 2015 年起，阿里巴巴跨境平台的后台询盘操作界面与之前的界面相比，已经发生了非常大的变化，2015 年 7 月，某国买家通过阿里巴巴平台找到了自己有意向的产品，分别给在使用平台的 A 供应商和 B 供应商发送了同一个询盘。由于 A 供应商并不了解阿里巴巴跨境平台后台询盘操作的逻辑已经发生了变化，只是通过自家公司的邮件管理系统开始了与客户的报价等活动，由于收到来自不同客户的询盘数量较多，在收到买家的回复后，每次都要对上一次回复的内容，在邮件系统中再次查询后才能了解到该买家的需求，针对买家的回复，反复确认包括产品的报价、商品规格、采购数量、付款条件等，同时，还需要不断地针对买家的要求,对发送附件中的产品信息制作单独的产品信息表。而 B 供应商了解了平台后台发生的变化,已经将与买家的沟通过程从自己家的邮件管理系统转移到了阿里巴巴跨境电商平台提供的更新过的询盘处理后台中去了,很快地,通过平台提供的各项更新过的功能,与客户达成了初步的合作意向。因为阿里巴巴平台提供的新的询盘处理系统能让买卖双方所有的沟通消息留在后台中,因此,B 供应商能针对买家的每一个回复进行非常快速的反应,给买家带来相当不错的反馈体验。在 B 供应商的引导下,买家通过阿里巴巴的后台提供的订单起草功能与该供应商签订了采购合同。而 A 供应商则还在与该买家就合同中有关的条款进行沟通。

2. 案例分析

通常情况下,一个跨境贸易订单的要素主要是产品的名称、数量、单价、付款方式、运输方式、包装方式、交货期、采购商及其他相关的条款等,而在电商平台不具备相关交易达成的能力之前,买卖双方就这些要素的洽谈会经历相当长的时间,且在沟通的过程中,由于邮件沟通中必须不断地根据买家的要求对产品细节等进行调整,这就要求供应商在沟通的过程中不断地对发送的产品资料进行反复的校对及确认,如果沟通的产品规格较多,很可能产生偏差,而且由于中间过程的增多,很可能在这个过程中由于邮件系统或是电脑系统造成某一过程信息的丢失等不可预料的情况发生。然而,商务洽谈不同于普通的沟通,最关键的区别就是商务洽谈的每一条信息都是至关重要的,因此,在商务洽谈中对于信息的溯源非常看重。同时也注意到,一个成熟的 CRM 管理系统中,最重视的也是信息的追溯功能。

以 2015 年为界,此前,阿里巴巴平台的询盘界面中,平台的用户是单一针对某一条来自买家可能的采购需求进行一对一的回复,这似乎与当时的 CRM 管理系统管理是一致的,因为在一般的 CRM 系统中,是单独针对每个买家来进行处理的。通过对单一信息的处理，最终实现对于客户关系的管理。通常，这类管理系统与阿里巴巴跨境电商平台之间并没有直接的关联，仅仅体现在客户的相关信息是提取自阿里巴巴电商平台。所以，可以理解为，在前期，阿里巴巴跨境电商平台仅仅为平台的用户提供了一个寻找潜在客户的渠道而已，也正因为这一特点，所以阿里巴巴平台所提供的询盘处理界面并没有太多地去保留客户的数据，而只是将平台定位在信息抓取上。

2015 年初，阿里巴巴对外宣布了一套全新的促进买卖双方线上成交的保障服务，这就是信用保障服务体系。在该体系推出后，阿里巴巴平台的后台操作体系也开始进行大规模的更新和变革。主要体现在阿里巴巴平台将询盘的内容本身进行了适当的弱化处理，将原有的询盘内容放到了界面的最右侧，也将与潜在客户的沟通，即回复设计成了一套与即时聊天系统类似的用户界面，从客户询盘开始，延伸到每一条平台供应商的回复都以可追溯性内容的形式放到了这个"聊天"窗口中。同时，阿里巴巴跨境平台将交易这一部分进行了大幅度的强化。在询盘界面中，与贸易相关的各项内容都得到了大规模的体现。界面的左侧，阿里巴巴平台将报价、运输条款、付款条款、联系方式及合约条款等与贸易合同相关的几乎所有的项目都列到了界面中。尤其是，在阿里巴巴平台这一次界面的更新中，在阿里巴巴原有逻辑中，询盘是独立存在的，相当于一条孤立的信息。原有的操作逻辑是，供应商在收到潜在买家针对某一发布产品所发送的询盘后，可以选择脱离平台或是在平台内对询盘进行后续的跟进操作。在这样的逻辑中，由于没有平台的约束，所以供应商所做出后续的行为，有很大的可能性是不受到平台规则的监控的，这也就意味着平台无法对买家所接受的供应商的服务质量和可能产生的合约的履行能力进行有效的制约，当然也无法对买家所关注的产品及供应商的实际服务能力进行有效的评估。

通常情况下，在一个完整的贸易流程中，签订合同之前，买卖双方均会对对方的履约能力进行先期的评估，这个评估主要体现在回复的时效性、沟通内容的准确性等方面。而脱离平台的监控后,买卖双方在这些方面的动作是无法量化跟踪的,所以说,在之前的逻辑中,正由于没有过程的监控,使得买卖双方在交易达成前的行为没有数据的沉淀,也失去了平台推动买卖双方达成交易的可能。另外,合同的订立,也需要对合同的标的、交易条件、付款条件、运输条款及其他与履约相关条款进行准确的约定,在脱离了平台监管的情况下,买家的行为及卖家根据双方沟通和协商所达成的目标也无法进行有效的管理。因此,阿里巴巴平台将与贸易合同相关的条款放到询盘处理界面也就产生了深远的意义。

在沟通完成后即时完成交易条款的拟定,既可以简化买卖双方的工作量,同时也将沟通过程及沟通协商的结果放到了平台上,进而可以通过平台后台与之对应的操作界面提供订立贸易合同的功能,让买卖双方通过平台就可以完成订单的签订,最终由平台通过一些可以量化的指标来给买卖双方的行为作出评估,通过在 2015 年推出的信用保障体系为买卖双方的交易提供及时、有效的担保。

阿里巴巴跨境电商平台之所以在 2015 年推出信用保障服务,其目的之一就是推动跨境贸易的线上化,而要实现跨境贸易的线上化,最重要的一点就是要完全实现对买卖双方贸易的实时监控。然而,阿里巴巴提供的仅仅是一个平台服务,那么,这就意味着,平台是不适合介入贸易本身的,一旦介入买卖双方的交易过程中,则意味着平台将失去其公正性,因此,如何通过一种行之有效的体系来保障交易双方的利益就成为平台重要的任务之一。在平台后台的询盘界面的显著变化实际正是体现了平台开始尝试对交易双方的行为进行约束,并通过对与贸易相关条款的实时监控来督促买卖双方对每一个贸易所涉及的条款进行真实性承担责任。

在阿里巴巴平台中,供应商的履约能力主要体现在两个方面,即对产品的质量负责和对交货期负责。相对于产品质量,由于潜在买家在发送询盘时是针对供应商上传的产品发起的,所以,在线起草订单时,买家更希望针对所发布的产品由供应商发起报价,那么,供应商就需要对所发布的产品细节承担相应的责任了,因此,询盘处理界面的更新同时也规范了供应商上传产品的信息的质量。这也有利于帮助买家更高效地选择合适的产品。所以说,从某种角度上来看,后台询盘处理界面的变化也体现了平台为提高买家的平台体验度,简化交易环节及提高交易的效率所做出的努力。

(二)买家为何没有下单

1. 案例描述

阿里巴巴平台上某供应商在使用了平台开放的信用保障服务之后,并没有主动通过平台提供的信用保障体系与客户成交订单,反而是沿用了传统的方式与买家进行沟通。某日,一海外的买家通过阿里巴巴平台给该供应商发送了采购询价,供应商收到询价后,及时地与海外买家建立了联系,并根据买家的要求提供了详尽的报价。

在耐心沟通之后,买家对供应商的产品及报价均表示比较满意,并明确表达了合作的可能。该供应商无论是在服务上还是在跟进客户的效率上都比较到位,但是,让该供应商感觉到疑惑的是,最终买家并没有给他们下单,并在一段时间里,总是以各种理由搪塞该供应商的下单要求。

最终,买家反馈已经给平台上的另一家同期联系的供应商下单了,这让该供应商非常困惑,因为买家不但对于该供应商的产品表达了满意,同时也对供应商的价格没有什么特别的异议,不明白为什么买家不给他们下单。

2. 案例分析

按照固定流程,操作阿里巴巴平台的方式是收到买家发送的询盘后,阿里巴巴平台会将买家发送的询盘通过电子邮件抄送一份给供应商,而供应商在收到询盘后通过电子邮件客户端来根据买家的要求回复买家所需的信息,从而建立与买家之间的沟通。通常情况下,买家判断卖家是否合适也是通过供应商所提供的服务。比如回复效率、专业度、产品本身及公司的情况等,继而买家会对供应商的旺铺,甚至于供应商的官网等进行深入的了解,再做出最终的采购决定。如果按照这种方式来操作的话,这个供应商本来没有什么问题,但是,在阿里巴巴推出针对中国供应商的信用保障服务之后,传统的方式因为这一服务的介入发生了一些潜移默化的变化。

在本案例中,该供应商虽然通过常规的方法获得了买家的询盘,也相对优质地提供了服务给买家,但是,当买家发现另一家供应商通过信保订单实现了信用额度,间接地提升了供应商的可信度;再者,阿里巴巴的信用保障体系还提供买家一定额度的采购保障服务,这也让买家放心地向另一家供应商采购了,这也是为什么买家没有给该供应商下单的最主要原因之一。

作为平台用户的中国供应商,应该非常敏感数据可能带来的价值,而买家因为阿里巴巴平台广泛而又持续对信保服务的宣传,会逐渐地越来越重视平台上所公开的供应商的交易信息。因为这些数据可以大大降低买家在选择供应商时的时间成本。

(三)获得好的产品排名

1. 案例描述

某公司来了一个业务员小张,由于刚刚入职公司,公司就委派他对公司的阿里巴巴平台进行操作,而小张在入职前并不是非常了解阿里巴巴平台,所以一上手就有点困惑,在网络上搜索后发现,在上传产品时,如果将同一个产品放到不同的产品类目中可以有效地提高产品在阿里巴巴平台中的产品排名,他觉得这样很有道理,因为在平台中买家最常用的功能就是搜索,而将同一产品放到不同的类目中去。不是会大大提高平台中产品被买家搜索到的概率吗？于是说干就干，但是，在上传完产品后不久后就发现，不但排名没有明显提升，反而在后台中还出现了很多被提醒的产品，原因是错放了类目。小张不得不对产品重新调整，重新上架。

2. 案例分析

第一，在阿里巴巴平台操作中，针对产品类目存在一个误区，就是说产品放到不相干的类目中可以提高被搜索到的概率，同时，还有另一种类似的误区就是产品归到系统推荐越靠前的类目中，越能提高产品在搜索结果中的排名。

这种误区的产生原因主要在于平台与搜索引擎的搜索机制不同。在专业搜索引擎中，对于搜索关键字的引用与在阿里巴巴平台上对于关键字的引用是完全不同的。在专业的搜索引擎中，搜索结果的目标是尽可能多地为用户提供与关键字相关的搜索结果，这种机制下，在使用搜索引擎时，无论输入的是什么关键字，搜索引擎都会将关键字拆开来进行搜索，或者说叫作模糊搜索。比如：要搜索一个关键字"American"，这个关键词在搜索引擎中体现的是一个以字母"A"开头的多个字母，最精确的是"American"这个词，同时，会将包含"America"及包含"Amer"的结果也搜索出来供用户选择。然而，在阿里巴巴平台上，并不存在模糊搜索这种情况，也就是说，如果买家搜索的关键字是"American"，那么，在阿里巴巴平台上只会搜索完整的包含"American"这个关键字的产品，而不会像搜索引擎一样出现模糊搜索结果。

第二，在跨境电商平台中，每一个平台对于类目的分类都有所不同，而产品类目，是为了方便买家在搜索时根据类目来挑选产品使用，因此，在错误的类目下，产品的表现肯定是不同的。比如，如果买家在"裤子"这个类目中发现有"衬衫"这个产品，买家只会认定该供应商对于产品是不了解的。同时，阿里巴巴平台对于错放类目的产品是会过滤的，也就是说，对于不符合类目的产品归类，阿里巴巴可能会将之认定为作弊的行为，会对供应商进行相应的整站评分下调,如果真的这样为了所谓的提高产品排名或故意错放类目,造成平台的整站评分下降的话,那就得不偿失了。

伴随着阿里巴巴平台买家体验度进程的进一步展开,错放类目的产品明显会成为影响买家体验度的因素之一,平台一定会对错放类目的产品进行越来越严格的筛选。由此可见,小张的做法非但不会像误传的那样使产品在网站搜索结果中的排名提升,还有可能带来相当不好的结果。

第三,要想提高产品的排名,还需要精准的关键字。在搜索时,也可以根据系统的提示选择与之相关的其他关键字来补充产品的相关关键字要素。提高买家可以搜索到的结果的精准性,这才是真正需要考虑的。

(四)收到的询盘总是"文不对版"

1. 案例描述

××公司成为阿里巴巴跨境电商平台的会员已经将近一年了,询盘的数量也不错,但是,总是收到与自己产品相关度不高的询盘。该公司是专业生产皮衣和与之相关的毛皮产品的,但是收到的询盘总是一些其他的服装询盘,比如 T 恤、衬衫或者是针织类的产品询盘。于是,该公司总是认为,业务员很难在平台上找到合适的买家。奇怪的是,公司上传的产品数量不少,公司的旺铺也做得很不错,然而总是无法达到使用阿里巴巴平台所想要的效果,这也给公司的业务员带来很大的困扰。

2. 案例分析

根据调查可知,在阿里巴巴平台上,通过直接搜索来选择合适产品的买家占到平台买家总数的 60% 以上。在阿里巴巴平台上,对于上传产品的数量是没有限制的,而互联网平台中,产品的曝光量在任何平台中都是最需要获取的资源之一,因此,在阿里巴巴平台上,产品数量决定了产品曝光量这一原则存在了很多年。于是,非常多的供应商都会大量地上传产品来获取必要的曝光量。案例中的企业就是这样做的,通过上传大量的产品来产生曝光量。

需要特别注意的是,买家通过搜索来获取所需的产品信息的同时,阿里巴巴平台也遵循着一个原则,就是将与关键字最匹配的产品优先体现到搜索的结果中去。但是在这个过程中,忽略的一点是,当供应商在上传产品的时候,为了规避平台的另一项规则,就是不允许重复上传产品,而不得不选择将产品上传到不同的产品类目中去。很多供应商在上传产品的时候,正是依照这个原则来上传产品的,为了产品数量,选择了不恰当的类目来满足产品不重复的这个要求。

当某位买家使用阿里巴巴访问平台时,通过关键字搜索某一个产品,阿里巴巴平台便会对关键字进行分析,之后并非是直接在数据中查找已有的产品,而是根据产品所在的类目从该类目中分析可能有关的产品再展示给买家。比如买家搜索一个关键字"office desk"时,系统会将办公家具行业类目中与"office desk"有关的产品展示到搜索结果中去,此时,有供应商将餐桌产品也放到了这个类目,那么,平台展示搜索结果的时候,就有可能会将餐桌产品也显示到搜索结果中去,因为"Dinner desk"也包含了关键字"Desk"。但是,买家真正感兴趣的不是餐桌,而是他搜索的办公桌,于是,供应商就有可能在买家发送询盘时,连带地收到了办公桌的询盘。而供应商本身不生产办公桌,但是收到了办公桌的询盘,也就会认为平台的询盘匹配度不高,质量不高了。

从以上论述可以发现,根据互联网的特性,产品上传的数量确实可以影响产品的曝光量,但是,并非是影响曝光量的最重要的因素,在阿里巴巴平台上,与产品匹配的、精准的产品类目,才能让产品得到最适合的曝光量,从而获得供应商真正需要的、质量高的询盘。也同时说明了,在平台上,要让买家真正的青睐,还需要在合适的时机,让产品展示在合适的地点才行。

(五)用 RFQ 就是为了要客户的信息而已

1. 案例描述

北京某一阿里巴巴的中国供应商用户,一直通过阿里巴巴国际站平台来找寻潜在的客户,主要的途径是通过询盘来获取,几年前,开始通过阿里巴巴平台提供的 RFQ 功能来匹配可能的买家。由于早前阿里巴巴平台的规则,每天该公司的业务员都通过快速地回复 RFQ 来"换取"与之对应的买家信息。但是,从来就没有在意通过 RFQ 来成单,因为他们认为,RFQ 的数量众多,无论 RFQ 中对应的采购要求是否与自己公司的产品相符,都主动地去抢占资源,在 2015 年阿里巴巴更新规则后,还是一如既往地采用老的方式来争取买家信息的获得。2016 年,阿里巴巴平台对于 RFQ 的规则再次进行了调整后,该公司的业务员发觉从 RFQ 中获得买家信息的可能性小了,才开始考虑是不是通过 RFQ 来获取买家信息的方式有点走偏了。

2. 案例分析

在跨境电商平台中,买家通常采取的方式是先录入自己感兴趣的产品关键字,然后通过平台提供的搜索结果,给供应商发送询盘,然后等待收到询盘的供应商提供相对应的信息反馈。在平台中,买家可以选择多个供应商或是通过搜索的结果中筛选认为合适的产品一起发送询盘,这种方式又被称为"群发"。既然是群发,那么,在同一时间,会有很多个供应商同时收到潜在买家发出的询盘。由于买家对于产品的了解不够透彻,供应商收到的询盘中对于买家所意向采购的产品的理解就不是非常清晰,当然在回复买家询盘的时候,难免就会带上供应商自己的猜测。另外,即使潜在买家在仔细阅读过供应商在平台上对产品详细的描述后再给单独的供应商发出询盘信息,也会因为供应商未能及时反馈或是由于供应商对买家情况的不了解,而未能准确地提供给潜在买家所需的最准确的信息而造成买卖家之间沟通上的困难而影响了成交的可能性。

与询盘不同的是,发送 RFQ 的潜在买家不需要去搜索产品,而是通过阿里巴巴平台提供的单独的操作界面来发送 RFQ 信息。

阿里巴巴平台特意为买家提供了一个独立的界面,通过这个界面,买家可以快速地发出自己的意向采购需求,而不需要去搜索网站,根据平台的规则,发出 RFQ 的买家对发出的每个 RFQ 可以收到十个来自意向供应商的回复。同时,新的 RFQ 规则也对于 RFQ 中潜在买家的信息进行了保护,也就是说,并非所有的回复都可以获得买家的信息。只有当阿里巴巴平台的系统判定该 RFQ 回复是有效的回复时,才会将该回复投递给买家,而收到 RFQ 的回复后,也只有当买家对 RFQ 回复进行打开操作时,供应商才有可能获得买家的信息。

采用这种方式就使得买家使用 RFQ 来发送自己的采购信息比单纯使用搜索平台的方式来获取产品更加便捷。在 RFQ 中是这样一个逻辑:让供应商来找我,而不是我去找供应商。当然,如果买家仅仅是希望浏览一下平台的产品,然后找寻可能感兴趣的产品时,他首先不会使用 RFQ,而去使用搜索功能。

基于以上的分析,很容易就知道,其实从 RFQ 中获取买家的信息实际上已经偏离了阿里巴巴平台开发 RFQ 的初衷,因为 RFQ 是买家快速获得优质供应商的一个非常好的途径,而根据笔者的了解,目前,通过阿里巴巴平台发出的 RFQ,真正转化为买家、卖家订单的还不到全部的 5%,这就是说超过 95% 的 RFQ 在运营的过程中被浪费了。案例中的公司已经注意到 RFQ,但是只看到了 RFQ 所包含的潜在买家信息,而忽略了 RFQ 真正存在的意义。阿里巴巴平台近期对于 RFQ 的改变,也是由于平台对于 RFQ 使用意义的一次纠偏,换句话说,平台希望通过规则的改变,大幅度提高 RFQ 的订单转化率,一旦 RFQ 的订单转化率提高了,也就意味着买家的体验度会得到进一步的提升,这对于吸

引更多的买家到阿里巴巴平台上来利用平台寻找合适的供应商
会起到巨大的作用。

(六)不大重视 RFQ,因为询盘很多

1. 案例描述

2015 年 3 月,阿里巴巴针对平台提供的 RFQ 功能进行了
大幅度的规则变化,将原有的规则改变为 RFQ 等级规则,北京
某公司本来是利用 RFQ 来收集潜在买家信息,建立潜在买家档
案库的。但是在规则变更后,该公司的等级为 Level 1,也就是
该规则下的最低等级。而在 2015 年发布的新规则下,要提高
RFQ 的等级,需要提高的是买家意向采购率。简单地说,就是
系统要求每一个 RFQ 的回复都要得到买家的互动,在一定量的
RFQ 回复都得到买家的互动后,系统才有可能提高供应商的
RFQ 等级,而在不同的等级下,每个供应商每个月能获得的
RFQ 数量是不同的。这就让这家公司每个月所获得的 RFQ 数
量与之前相比下降了很多。该公司认为,如果单纯为了去回复
几个 RFQ 而耗费了精力,会影响到业务员的工作效率,而该公
司由于前期的平台产品优化及其他推广产品使用得较好,所以,
一直以来询盘数量不错。因此,公司就决定采取以询盘为主,
RFQ 为辅助手段的这一策略,然而,后来该公司逐渐发现,个别
业务员没有听从公司的安排,对于公司收到的询盘重视度不如
对 RFQ 的重视度高,就与该业务员进行了沟通,结果发现,该业
务员成单的数量比其他业务员都要高。这让公司的业务经理产
生了一点困惑。

2. 案例分析

从上一案例的分析中可知,RFQ 是潜在买家通过阿里巴巴
平台特定的通道发出的询价信息。但是,在阿里巴巴平台上,
RFQ 的订单转化效率很低。所以,它要不断地调整规则来提高

RFQ 的订单成交率。

在 RFQ 刚刚推出的时候,经过统计,通过 RFQ 最快能够达成交易的是在供应商回复 RFQ 开始的 72 个小时内,而在改变规则后,提出的目标达到 56 个小时以内。为什么会有这样一个目标?这需要从发送 RFQ 的买家角色来分析。

通常情况下,从发 RFQ 的目的这个角度来看,可以将买家分为有现成订单的买家、有潜在订单的买家和已经有供应商但是寻找替代供应商的买家三种,以下分别来对这三种买家站在 RFQ 的角度进行分析。

第一种,有现成订单的买家。

由于这类买家手中有现成的订单,往往担心因为无法及时找到合适的供应商而失去自己的商业机会,因此,大多会寻找一种更为直接和简单的方式来找到合适的供应商,并快速地达成交易的意向,所以,他们来到平台后,会通过 RFQ 来更快地匹配与在手订单相符合的供应商。

第二种,有潜在订单的买家。

有潜在订单的买家并不急着找到供应商,他们需要对供应商进行相对全面的分析,所以,这类买家会同时通过 RFQ 和发送常规询盘的方式来比较供应商,但是,也正因为他们手中掌握着可能成交的订单,所以,他们对于供应商的反馈质量要求就相对较高。由于阿里巴巴平台新规则的制约,使得更多的供应商只能通过提高回复的质量来获得买家的青睐,所以,在收到 RFQ 的回复时,有很大的可能就碰到一家或是几家与潜在订单相当匹配的供应商。这就有机会让潜在订单变成实际的订单。而询盘则让买家有机会与更多的潜在供应商进行比较,以挑选出最合适的供应商。

第三种,寻找替代供应商的买家。

并非只有没找到合适供应商的买家才会发 RFQ,有相当一部分的买家是已经有了合作的供应商,但是希望在阿里巴巴平台上找到替代的方案,一方面有可能是现有供应商的产能不足,另一方面也有可能是现有的供应商在某些方面无法满足买家的需要。所以,在已经有合作供应商的情况下,还是希望找到一些替代的方案。那么,如果回复 RFQ 的供应商能准确地分析出买家的需求,有相当大的可能在 RFQ 中就获得买家的认同。要知道,如果得到这类买家的认同,就相当于已经把订单拿到身边了。在合适的时候,买家就可能给该供应商下单来测试了。

从另一个角度来看,在阿里巴巴平台上,针对买家发送 RFQ 的通道里,还有了一些新变化。

在发送 RFQ 时,阿里巴巴平台就尝试让买家将供应商和产品进行更进一步的筛选,让更符合条件的供应商收到对应的 RFQ。这也是阿里巴巴平台能将成交周期从 72 小时缩短到 56 小时的原因之一。相信,随着规则的进一步更新,通过 RFQ 达成交易的周期还会更短,而买家的体验度也会更高。

第二节 中国制造网

一、中国制造网概况

中国制造网是一个中国产品信息荟萃的网上世界,面向全球提供中国产品的电子商务服务,旨在利用互联网将中国制造的产品介绍给全球采购商。中国制造网创建于 1998 年,是由焦点科技开发和运营的,国内最著名的 B2B 电子商务网站之一,连续四年被《互联网周刊》评为中国最具商业价值百强网站。中国制造网汇集中国企业产品,面向全球采购商,提供高效可靠的信息交流与贸易服务平台,为中国企业与全球采购商创造了无限商机,是国内中小企业通过互联网开展国际贸易的首选 B2B 网站之一,也是国际上有影响的电子商务平台。

二、中国制造网运营案例

（一）为了公平，将主打产品分给每一个业务员

1.案例描述

北京某外贸公司业务部采用的是中国制造网来开展跨境电商的市场开发。在完成产品的上传后，觉得中国制造网平台提供的主打产品这个功能不错，能提高产品的曝光量，但是公司的业务员比较多，都想把自己上传的产品放到主打产品中去，于是，业务部经理决定，每个业务员分配一个主打产品。然而，每个业务员都有了主打产品之后，都想把自己上传的产品评比较高的分，后来经过商议，决定每个业务员在一周内轮流将产品设定为最高的分值。但是，结果是显而易见的，产品没有得到有效的曝光，当然也就没有好的宣传效果了。

2.案例分析

从案例中的公司来看，将主打产品分配给单个的业务员。显然缺乏整体的考虑。（1）没有给主打产品留出足够的数据沉淀的周期；（2）由于是单个业务员在考虑单独的产品，所以，很难将产品与整个市场进行有效的分析和判断，失去了提高产品曝光率，最终提升整体平台效果的作用。

当前中国制造网给每个平台的企业用户仅仅提供 7 个主打产品，那么，如何利用好这 7 个主打产品就成了关键。这 7 个主打产品是在平台规则之外可控产品排名的少有手段，因此，利用好这 7 个主打产品就等于在企业中区分出了产品的宣传等级。

为了提高主打产品的利用效率，不但可以根据自己的需要进行调整分值，也可以参考一下同行的设置。中国制造网对于被设置为主打产品的商品，会特别标为"Feature Product"。那么，很

容易就在搜索结果中找到同行所设置的主打产品。通过中国制造网主页面去搜索与自己产品有关的关键字时,可以发现在付费的"名列前茅"产品后,优先排名的一定是主打产品,这也体现了主打产品的重要性。同时这个标识也方便了解这家同行设置的主打产品是有效的。

此时,通过点击主打产品的标题,打开产品的详细介绍页面,然后在页面的空白处点击鼠标右键,查看页面的源代码。可以注意到源代码中,有一个"Meta"值被标记为"Key words",这就是在产品上传页面中该用户对这个产品所设置的关键字了。这可以帮助企业在设置主打产品时让被设置的产品获得较好的排名,因为这是关键字在中国制造网中获得良好曝光所需的重点要素之一。

用户通过在一定周期内对所设主打产品实际排名情况及同行的产品进行分析后优化自己的主打产品,能够有效地让自己的产品,甚至自己的平台获得相对较好的宣传效果,这样才可能获得更多的买家关注度,从而取得更好的平台效果。

(二)公司购买了"名列前茅"服务,有曝光量了,应该也有足够的效果

1. 案例描述

浙江杭州某公司,采用中国制造网来拓展外贸业务,而且,每年在各类电子商务平台上的投入都有一定的预算,为了节省预算,该企业一直对于网站提供的增值服务持一种拒绝了解的态度。该公司已经使用平台好几年了。但是,在平台上获取的订单很有限,公司沿用了以前的思路,就是成为中国制造网会员后,只"钟情"于"名列前茅"服务。

而当同样使用中国制造网作为业务开拓平台的其他企业采用了中国制造网不断推出的一些增值服务时,该公司仍以已经购买了"名列前茅"服务,曝光量足够为由而刻意地忽略其他的增值服务。同时,由于公司业务部对电商平台不够重视,所以,对平台

也很少维护，在完成产品的上传操作之后，很少关注平台本身，仅仅是依赖平台自身，以致在使用平台几年之后得出一个结论，就是中国制造网不能给公司带来太多的经济价值。

2. 案例分析

通常人们都认为，在互联网平台上，曝光量在很大程度上决定了访客的关注量，延伸到电子商务平台上来，就是曝光量决定了点击量，也决定了反馈量。但是，多数在互联网上开展商务活动的企业，都忽略了另一个问题，就是曝光量与反馈量之间同时还存在另一个因素，就是总的买家体量。这样来理解这个因素，在一个平台上，由于受到平台本身推广力度的影响，在平台上总的买家数量是有限的，而每一个平台，由于推广力度的限制，造成了买家在平台上每次停留的时间也是有一个平衡点的。那么，在这个停留时间内，如果有更大量的曝光，才有可能获得最大的点击。从另一个角度来看这个问题，由于受到总买家体量的限制，针对某个行业的买家体量也会无形中受到一定的限制，这就意味着，在一个停留周期内，企业所曝光的产品会因为该买家在平台上的行为而受到制约，换句话来说，就是如果针对企业所在行业的买家在一个相对恒定的周期内访问了平台，但是由于平台上的行为，也会造成曝光却没有被合适的买家看到的情况。根据这个思路，以上述案例中的企业为例来说明。

中国制造网对每个供应商能上传的产品数量进行了限制。那么，每个供应商在平台上能获得的曝光量也是有一个顶点值的。上面已经提到过了，这是由于总买家体量的限制，当然，随着中国制造网在全球范围内推广力度的加大，以及平台内产品质量和平台上的体验度的提高，这个体量会逐渐增大。但是，由于中国制造网平台的特性，决定了产品的总曝光量一定会有一个阈值，那么让自己的产品总曝光量达到，或是无限接近这个阈值，才能让产品在很短的周期内达到最有效的曝光。

此外，无论是哪一个电商平台，都需要经过一段时间的产品优化和平台整理才能让平台产生一定的效果,所以,在平台上,对于产品的关键字,以及企业页面等都需要进行适当的优化才行。中国制造网提供了与阿里巴巴平台类似的旺铺美化功能,虽然在可优化的部分略有不同,但是大致的思路一致。总之,就是一个美观的主站风格可以提高潜在买家给予反馈的概率。

除了采用中国制造网提供的增值服务之外,中国制造网也提供了一个非常有用的功能,就是主打产品,配合着上面提到的页面美化等,只要有效地设置了主打产品,也可以起到提高和优化产品曝光量的作用。

当对主打产品设置完毕后,还需要根据实际反馈的情况,将产品在公司的重视程度进行适当的调整,比如将希望首推的产品给予较高的分值,或是将希望优先推广的产品优先排序,等等。当平台整体的效果趋于稳定后,平台的价值才刚刚体现出来。

根据中国制造网的规则,还需要定期对已经上传的产品进行更新。正因为在中国制造网,产品上传的数量是有限制的,所以,还需要将曝光量确实很低的,或是公司已经更新的产品进行替换,这样才能体现公司的活跃,也能更好地在中国制造网上创造更多的贸易机会。

(三)在平台上不上传新产品,担心被同行抄袭

1. 案例描述

北京某灯具生产企业,在使用中国制造网时,一直不愿意上传一些新的产品到平台上,原因是灯具行业的竞争非常激烈,他们担心一个新产品的出现,会在很短的时间内被同行"抄袭",花费了很大精力开发出来的产品变成别人的嫁衣。

为此,该公司不在任何电商平台上传自己的新产品,尤其是一些具有强大竞争优势的产品。这使得该公司制定了一个策略,就是只有在确认买家身份的情况下,才将新产品主动地推送给买家参考。然而这样做,就造成了新产品迟迟不能进入市场,而无

法与感兴趣的买家建立起有效的沟通,错失了新产品进入市场的最佳机会。每每谈到这个问题,企业都摇头,表示无可奈何

2. 案例分析

不难发现,在中国制造成为国家战略的这30年里,无数的企业都将重心放到提高产能上,而忽略了提高企业的综合实力,这个综合实力就恰恰包含了产品的研发和创新能力等。同时,随着互联网的发展,越来越多的企业伴随着跨境电商时代的来临,开始接触到真正的最终买家,从单纯的"自己考虑要生产什么"转向了"根据市场的需求,改变生产结构,从而生产市场真正需要的"这个层面上。换句话说,就是在意识形态上产生了非常微妙的变化。这是好事,但是,同时也带来了巨大的困扰,并非所有的企业都有这样的变化,有些企业还是沉浸在以模仿为主要手段的转型上,所以每当一个企业开发出新产品后,都会担心别人的模仿,究其原因,还是在于这些新产品或是新设计的技术含量或是设计的保护上是欠缺的。

然而,如果制造出来的产品不能推广给客户,那么生产制造这个产品又意义何在?如果不把产品通过互联网平台展示出来,产品的价值是无法体现的,所以无论会发生什么,产品无疑都要推向市场的。这就带来一个新的问题,是否有一种方法,能让卖家在推出新产品的同时,还能保证产品的私密性?

中国制造网根据这一状况设计出了一个叫作"加密产品组"的功能,如果有效地利用好这一功能,一方面可以保护自己的产品不被抄袭,另一方面还可以高效地将产品推广到市场上去,产生应有的价值。

在中国制造网的产品管理中,可以找到产品组,而新建立一个产品组的时候,就可以选择建立的产品组是不是加密产品组了。当加密产品组建立完成后,会在所有产品组中出现这个有明显标识的产品组,而用户就可以根据需要将新的产品放到这个加过密的产品组中。用户可以点击设置产品来把需要加密的产品

放到这个产品组中。完成产品的添加后,当买家访问供应商的展示厅时,会看到一个有加密标识的由供应商在后台建立的加密产品组。当买家点击这个加密产品组时,会要求买家输入密码,这个密码就是当初创加密产品组时,由供应商创立的。买家当然是不知道的,所以,如果买家对于你的产品感兴趣,自然会发送询盘来向供应商询问这个密码。通过加密产品组,解决了新产品发布的问题,同时暂时也避免了同行之间可能产生的抄袭问题等。

从实际来看,每家企业都会有一些重点的客户,而借助中国制造网提供的这个非常实用的功能,可以将之用到维护重点客户上去。为重点客户创建一个专属的加密产品组,对于一些有改进的,特别针对某些市场的产品,往往是不适合将它们公开展示的,而反复通过邮件等形式进行产品的传递,会给买卖双方都带来一定的麻烦。所以,如果有一个加密产品组,可以将产品上传到加密产品组中,只提供一部分重点客户来访问,可以大大提高买卖双方之间信息交换的效率,也避免了由于传递过程中可能产生的误送或是信息丢失等情况的产生。

毫无疑问,案例中企业的做法是不可取的。从以上的分析中可知,通过中国制造网的加密产品组功能已经可以较好地解决该企业的困惑。

参考文献

[1]陈道志,卢伟.跨境电商实务[M].北京:人民邮电出版社,2018.

[2]李鹏博,郑锴.B2B跨境电商[M].北京:电子工业出版社,2018.

[3]肖文.电商大课堂跨境电商潮[M].杭州:浙江大学出版社,2018.

[4]董振国,贾卓.跨境电商多平台运营,你会做吗?[M].北京:中国海关出版社,2018.

[5]丁晖.跨境电商多平台运营:实践基础[M].北京:电子工业出版社,2017.

[6]林唯波.跨境电商[M].北京:电子工业出版社,2017.

[7]邹益民.跨境电商零创平台实用教程[M].杭州:浙江大学出版社,2017.

[8]孙韬.跨境电商与国际物流:机遇、模式及运作[M].北京:电子工业出版社,2017.

[9]海关总署监管司.2017中国跨境电商发展年鉴[M].北京:中国海关出版社,2017.

[10]钟云苑.跨境电商速卖通宝典[M].北京:机械工业出版社,2017.

[11]恒盛杰电商资讯.出口跨境电商速卖通SEO精准引流与数据化运营[M].北京:机械工业出版社,2017.

[12]王海松.跨境电商速卖通开店、推广、运营及管理指南双色版[M].北京:机械工业出版社,2017.

[13]陈祥国,孟雅楠.跨境电商函电[M].北京:中国商务出版社,2017.

[14]张式锋,陈珏.跨境电商基础[M].上海:立信会计出版社,2017.

[15]苏杭.跨境电商物流管理[M].北京:对外经济贸易大学出版社,2017.

[16]速卖通大学.跨境电商客服:阿里巴巴速卖通宝典[M].北京:电子工业大学出版社,2016.

[17]朱秋城.跨境电商3.0时代[M].北京:中国海关出版社,2016.

[18]柯丽敏,王怀周.跨境电商基础、策略与实战[M].北京:电子工业出版社,2016.

[19]柯丽敏,洪方仁,郑锴.跨境电商案例解析[M].北京:中国海关出版社,2016.

[20]林俊锋,彭月嫦.跨境电商实务[M].广州:暨南大学出版社,2016.

[21]大头商学院.跨境电商政府实操指南[M].北京:新世界出版社,2016.

[22]柯丽敏,洪方仁.跨境电商理论与实务[M].北京:中国海关出版社,2016.

[23]阿里巴巴(中国)网络技术有限公司.从0开始:跨境电商实训教程[M].北京:电子工业出版社,2016.

[24]严行方.跨境电商业务一本通:运营管理＋选品与营销＋物流＋结算＋售后[M].北京:人民邮电出版社,2016.

[25]陈祎民.跨境电商运营实战:思路・方法・策略[M].北京:中国铁道出版社,2016.

[26]关继超.跨境电商[M].广州:广东人民出版社,2016.

[27]李鹏博.揭秘跨境电商[M].北京:电子工业出版社,2016.

[28]中国国际贸易学会商务专业考试培训办公室.跨境电商操作实务[M].北京:中国商务出版社,2015.

[29]赫永军.我国跨境电商的发展现状及问题研究[D].东北师范大学,2017.

[30]林官忠.跨境电子商务第三方支付管理研究[D].福建师范大学,2016.

[31]鄢荣娇.我国跨境电商物流中的海外仓建设模式研究[D].安徽大学,2016.

[32]张海涛.PayPal公司在中国市场第三方支付业务营销策略研究[D].黑龙江大学,2015.

[33]陈日庆.以供应链管理为核心的QH跨境电子商务服务平台构建[D].西南交通大学,2015.

[34]朱琳琳.跨境电商环境下国际物流模式研究[J].现代经济信息,2016(17).

[35]徐建群.基于电子商务环境下对跨境国际物流模式创新的探析[J].中国商论,2016(10).

[36]向钇樾.跨境电商环境下国际物流模式分析[J].现代商贸工业,2016(2).

[37]金星余.我国跨境电商高速发展下的国际物流问题[J].中国市场,2016(6).

[38]庞燕.跨境电商环境下国际物流模式研究[J].中国流通经济,2015(10).

[39]仝冰.浅谈跨境电商现状及其国际物流模式选择[J].品牌(下半月),2015(4).

[40]文方,杨东辉.第三方支付为核心的跨境电子商务进口模式分析[J].中国商贸,2014(26).